DAGMAR H. MUELLER

RÄTSEL UM DEN PONYHOF

Mit Bildern von

Irmgard Paule

Thienemann

WOHIN GEHT DIE KLASSENREISE?

»Das gilt nicht!«

»Total ungerecht ist das!«

»Oh Mann, da können wir uns ja gleich alle Schleifen ins Haar binden!« Die Jungen der 4 D sind tief empört.

Und Titus schreit natürlich am lautesten. »Ich bin doch nicht bescheuert!«

»Gut, dass du das sagst!« Paulina dreht sich aus der Reihe vor ihm um und grinst ihn breit an. »Jemand, der so aussieht wie du, kann das nicht oft genug erwähnen!«

Emily und Finja kichern leise.

»Blöde Ziegen!«, schnaubt Titus.

»Hornochse«, gibt Paulina ungerührt zurück.

»Na, na!«, mahnt Frau Popkorn, die Lehrerin. »Ein bisschen ruhiger, bitte!«

»Ist doch wahr!«, ereifert sich Titus weiter. »Was sollen wir denn auf einem Ponyhof? Da fahren doch nur Mädchen hin!«

»Und Jungen mit Schleifen im Haar«, grinst Paulina frech. »Möchtest du morgen vielleicht schon mal eine von meiner kleinen Schwester probieren?«

»Gute Idee!«, unterstützt sie Katlin, die neben ihr sitzt. »Sieht bestimmt toll auf seinem Holzkopf aus!«

Nun kichern nicht nur Emily und Finja, sondern auch die restlichen Mädchen der Klasse. Und die Jungen toben.

»Ruhe!«, ruft Frau Popkorn vorne hilflos. »Ruuuhe!«

»Die Wahl muss wiederholt werden!«, verlangt Benjamin und schlägt mit der Faust auf den Tisch. Das macht sein Papa auch immer so. Deshalb weiß Benjamin, dass das wirkt.

Es wirkt aber wohl nicht ganz so, wie er es sich vorgestellt hat. Denn Frau Popkorn kriegt nur kugelrunde Augen und einen strohhalm-

dünn zusammengekniffenen Mund. Und das ist bei ihr immer ein Alarmzeichen!

»Wenn du etwas zu sagen hast, Benjamin«, faucht sie jetzt, »dann kannst du dich wie alle anderen melden!«

»Mann, Leute«, mischt sich nun Murat ein, »regt euch mal wieder ab!«

»Danke, Murat«, sagt Frau Popkorn, »aber auch du wirst dich in Zukunft bitte wieder melden! – Und Titus«, fährt sie fort, »falls du auf die Klassenreise mitkommen möchtest – auch wenn sie auf einen Ponyhof geht –, dann rate ich dir jetzt, dich anständig zu benehmen!«

Die Lehrerin seufzt. Sie wird nicht gerne laut. Sie schimpft auch nicht gerne. Und manchmal hatte die Klasse sogar schon den Eindruck, dass sie noch nicht mal gerne Lehrerin ist.

Aber das kann ja wohl nicht sein! Wer würde nicht gerne Lehrerin sein wollen? Und das bei einer so tollen Klasse wie der 4 D?

»Ich bin mir sicher, dass man dort auch Fußball spielen kann«, meint Frau Popkorn und streicht sich ein paar rote Haarsträhnen aus dem Gesicht. »Und beim Sommerfest vor den Ferien gibt es dann ja ein großes Fußball-Turnier. Versprochen! Aber nun fahren wir erst mal eine Woche auf diesen Ponyhof. Ihr habt schließlich abstimmen dürfen!«

»Das ist ja genau die Ungerechtigkeit!«, schreit Kevin dazwischen.

»Ihr sollt euch melden!« Frau Popkorns zarte Vogelstimme kommt gegen Kevin und Titus einfach nicht an.

»Genau!«, brüllt Titus. Doch er scheint nicht der Lehrerin zuzustimmen, sondern Kevin. »Wenn wir zehn Mädchen in der Klasse haben und nur acht Jungen, ist doch klar, wer gewinnt!«

Frau Popkorn holt tief Luft. »Also, wenn das während der Klassenreise genauso chaotisch ist, dann …« Sie führt ihren Satz nicht zu Ende.

»Dann?«, flüstert Paulina leise.

»Dann werden wir ’ne Menge Spaß haben!«, flüstert Katlin genauso leise zurück.

Und da muss Paulina doch wieder kichern.

»Ruhe!«, verlangt Frau Popkorn noch mal. Und bemüht sich ernsthaft böse auszusehen.

Doch das Böse-Aussehen liegt ihr einfach nicht. Nur ihr Mund wird immer grashalmdünner …

»Es ist doch nicht schlimm, auf einen Ponyhof zu fahren«, versucht Frau Popkorn zu vermitteln. »Andere wären froh, wenn sie so eine tolle Klassenreise machen dürften!«

Murats Hand schießt in die Höhe. Und als Frau Popkorn ihn drannimmt, sieht sie richtig glücklich aus. Endlich meldet sich mal jemand!

»Darum geht’s doch gar nicht«, erklärt Murat. »Es geht darum, dass die Mädchen immer gewinnen. Immer machen wir das, was die Mädchen wollen. Weil die eben einfach zwei mehr sind!«

»Ganz genau!«, schnaubt Titus. Ohne sich zu melden. »Das ist doch nicht gerecht!«

»Aber ehrlich! Echt unfair ist das!«, ruft Benjamin. Das sagt sein Papa auch immer. Besonders wenn er Fußball guckt.

Frau Popkorn grinst. Aber unfreundlich oder spöttisch ist ihr Grinsen nicht. Nein, Frau Popkorn ist bestimmt nicht die übelste Lehrerin, die man erwischen kann. Das findet eigentlich die ganze Klasse 4 D.

»Na, hör mal«, meint Frau Popkorn trotzdem, »fair geht es bei uns ja wohl zu! Oder hat jemand bei der Abstimmung geschummelt?«

»Nee«, mault Titus trotzdem immer noch, »bei der Abstimmung nicht.« Und etwas leiser setzt er dann hinzu: »Aber irgendjemand hat von Anfang an einen ganzen Haufen Mädchen zu viel in unsere Klasse geschummelt. Und das ist eine riesige Ungerechtigkeit!«

»Na ja«, gibt Frau Popkorn zu, »bei einigen Abstimmungen ist es vielleicht ein bisschen ungerecht.« Sie überlegt. »Dafür dürft ihr jetzt bestimmen, was wir die restliche Stunde über machen.«

Sie lächelt die Jungen an.

»Fußball spielen!«, schlägt Titus sofort vor.

»Nein, tut mir Leid«, sagt Frau Popkorn. »Wir müssen schon im Klassenzimmer bleiben. Aber ich könnte euch etwas vorlesen.«

»Au ja!«, ruft Benjamin. »Wieder so 'ne coole Detektivgeschichte, wo wir am Ende raten müssen, was passiert ist und wer der Dieb ist!«

»Jaaa!«, schreien sofort vier oder fünf andere Jungs. Auch die Mädchen sehen begeistert aus.

Detektivgeschichten vorlesen ist Frau Popkorns Lieblingsbeschäftigung. Und wenn sie so richtig in ein Buch vertieft ist, sieht sie sogar so aus, als wäre sie doch echt gern Lehrerin. Praktisch, dass Frau Popkorns Lieblingsbeschäftigung auch die Lieblingsbeschäftigung der meisten Kinder der Klasse ist!

Nur Lulu und Leon, die Zwillinge, finden Detektivgeschichten doof. Was verständlich ist. Denn leider sind die beiden immer die Letzten, die begreifen, worum es eigentlich geht.

»Ach, wollen wir nicht lieber ein bisschen malen?«, fragt Lulu jetzt hoffnungsvoll.

Und Leon seufzt aus tiefstem Herzen. »Puh, dieses Krimizeug ist immer so anstrengend! Da muss man so viel denken und sich Sachen merken und so!«

»Frau Popkorn, lesen Sie zu Hause eigentlich auch immer Krimis?«, will Finja wissen.

Frau Popkorn nickt begeistert mit dem Kopf. »Na klar! Immer! Besonders vor dem Einschlafen!«

Titus grinst. »Ich glaub, die steht echt voll auf so 'n Verbrecherkram!«, flüstert er Murat zu.

»Ist doch klasse!«, flüstert der zurück. »Stell dir mal vor, die wäre genauso doof wie die Mädchen. Dann müssten wir jeden Tag Ponygeschichten lesen!«

»So, los geht's!«, ruft Frau Popkorn und ihre Augen leuchten. »Jetzt sind wir wieder eine echte Klasse 4 D. D wie Detektiv! Bei richtiger Detektivarbeit muss die ganze Klasse zusammenhalten! Nur dann habt ihr Chancen, den Dieb eher zu ertappen, als ich das Buch zu Ende gelesen habe. Also, alle zuhören und gut aufpassen!«

Sie hockt sich aufs Pult, schlägt die Beine übereinander und fängt genüsslich an zu lesen …

DER PONYHOF LILA LILIE

Genau sechs Wochen später sitzt die Klasse 4 D im Reisebus, der sie zum Ponyhof bringt. Nach knapp zwei Stunden Fahrt sind sie kurz vor der holländischen Grenze. Nur etwa einen Kilometer davon entfernt, inmitten von Wiesen, am Rand eines Waldes, liegt ihr Ziel. Und jetzt, wo sie endlich unterwegs sind, haben sogar die Jungs gute Laune.

»Den werden wir schon in Schwung bringen, diesen komischen Hof!«, tönt Titus von ganz hinten.

»Joho!«, giggeln die Mädchen von vorne. »Und wie die Ponys erst euch in Schwung bringen werden! Das möchte ich zu gern sehen!«

Jedes Kind soll nämlich einmal am Tag reiten können. Das hat im Prospekt gestanden, den Frau Popkorn vorgelesen hat.

»Heißt das … äh«, hat Benjamin vorsichtig gefragt, »heißt das, dass jeder einmal am Tag reiten *muss*? Oder dass jeder einmal am Tag reiten *darf*?«

Da haben ein paar der Mädchen schon gekichert.

»Na, keiner *muss* hier reiten!«, hat Frau Popkorn sofort versichert. »Es reitet natürlich nur, wer Lust hat.«

»Oder wer sich traut!«, hat Paulina frech dazwischengerufen.

»Blöde Kuh«, hat Benjamin da schnell mal in ihre Richtung geraunzt. Aber er hat doch ziemlich erleichtert ausgesehen.

»Reiten ist sowieso nur was für Mädchen«, hat er in der Pause dann großspurig behauptet.

»Das finde ich aber nicht«, hat Murat gesagt. »Denkt doch nur mal an die Indianer und Cowboys! Die konnten ja wohl echt gut reiten, oder?«

Das hat Benjamin zwar zu denken gegeben, aber überzeugt hat er noch nicht ausgesehen.

»Ich hab meine beiden Cowboypistolen eingepackt«, raunt Benjamin allerdings jetzt hinten im Bus Titus zu.

Titus guckt ihn nur blöde an.

»Na, du weißt schon«, grinst Benjamin. »Wenn wir schon reiten müssen, dann können wir das wenigstens ein bisschen cowboymäßig machen!«

Da begreift Titus. »Gute Idee, Mann! Hast du auch Platzpatronen dabei?«

Benjamin nickt eifrig. »Klar! Reichlich!«

»Klasse!« Titus reibt sich die Hände. »Die Dinger sind bestimmt auch bestens zum Mädchenerschrecken geeignet!«

Da kommt Herr Weinfels, der Sportlehrer, gerade den langen Gang zwischen den Sitzen entlang. »Na, darf ich wissen, was es so Interessantes zu tuscheln gibt?« Er grinst freundlich.

Herr Weinfels ist in Ordnung. Genau wie

Frau Popkorn. Ein echtes Glück, dass ausgerechnet er als zweiter Lehrer mitgekommen ist. Trotzdem, alles muss er ja nun nicht wissen.

»Wir planen nur gerade die nächsten Tage!«, lächelt Titus ganz harmlos.

»So, so«, lächelt Herr Weinfels zurück.

Kurze Zeit später sind sie am Ziel. *Ponyhof Lila Lilie* steht auf einem großen Holzschild neben der Hofeinfahrt.

»Lila Lilie? Hä?«, macht Finja. »Sind Lilien nicht meistens weiß? Haben Ponyhöfe immer so komische Namen?«

Sie guckt Katlin fragend an.

Die Mädchen sind zwar alle begeistert von der Idee, reiten zu lernen. Aber tatsächlich schon mal auf einem Pony gesessen hat aus der Klasse nur Katlin. Die reitet einmal die Woche in einer Reitschule. Und deshalb sollte die sich ja wohl auskennen mit Ponys und Ponyhofnamen.

Doch auch Katlin guckt erstaunt. Dann

zuckt sie die Schultern. »Ist doch egal, wie der Hof heißt. Los, lasst uns die Ponys angucken!«

Und ohne die Protestschreie von Frau Popkorn zu beachten stürmen Finja, Paulina, Emily und die anderen Mädchen auf die Stallgebäude zu. Allen voran natürlich Katlin.

»Och, süüüß!«, ruft Emily begeistert, als sie im Stall das erste Pony entdeckt hat. An der Holztür hängt ein Schild, auf dem *Belly* steht. »Guckt doch mal, wie klein das ist! Und es heißt Belly!«

Katlin wirft einen Blick über das Gitter. »Das ist ja ein Fohlen.«

»Ein Fohlen?«, fragt Emily. »Also noch ein Kind?«

Katlin nickt mit Kennermiene.

»Süüüß!«, wiederholt Emily. »Das will *ich* reiten!«

»Quatsch!«, sagt Katlin verächtlich. »Fohlen kann man doch nicht reiten!«

»Och, schade«, meint Emily.

»Hier sind die anderen!«, ruft Finja jetzt von weiter hinten.

Zehn Ponys zählen die Kinder insgesamt. Dazu das kleine Fohlen. Alle Tiere stehen ruhig in ihren Boxen und knabbern an dem Zeug, was auf dem Boden liegt.

»Hihi«, kichert Lulu plötzlich. »Das ist ja komisch, die essen ihre eigene Matratze auf!«

»Was?« Katlin guckt genauer hin.

»Ist das normal?«, fragt Finja. »Die haben ja irgendwann gar nichts mehr, worauf sie liegen können.«

Katlin zieht die Stirn kraus. »Nee, das ist aber ganz sicher nicht normal!«

Dann geht sie noch etwas näher an eine der Boxen heran. »Das ist ja gar kein Stroh! Das ist Heu! Kein Wunder, dass die das alle begeistert fressen!«

»Wieso?« Die anderen Mädchen verstehen nur Bahnhof. Schließlich kennen sie sich mit Ponys nicht so gut aus wie Katlin.

»Na, Heu ist Futter. Und in die Boxen reinstreuen tut man eigentlich Stroh. Das ist das, wo die Pferde drauf liegen sollten«, erklärt Katlin. Sie schüttelt den Kopf. »Aber hier im Stall ist es genau umgekehrt!«

»Bist du sicher?«, fragt Finja.

»Na klar!«, meint Katlin. »Stroh ist viel härter und dicker! Und guckt mal ... also nee!« Sie deutet empört auf eine der Futterraufen, die an der Wand hängen. »*Das* da ist Stroh! Die armen Viecher sollen wirklich hartes Stroh fressen!«

»Aber sie dürfen auf weichem Heu liegen«, kichert Emily. »Das ist doch echt nett von den Besitzern, oder?«

Katlin guckt sie vernichtend an. »Quatsch! So einen Blödsinn habe ich noch nie gesehen!«

Dann überlegt sie. »Außerdem ist Heu viel teurer als Stroh. Kein Mensch würde also freiwillig so viel Heu in die Box streuen!«

»Vielleicht ist ihnen das Stroh ausgegangen?«, gibt die kleine Klara zu bedenken.

»Quark, da hängt doch welches in diesen Futterdingern an der Wand!«, sagt Paulina.

»Aber vielleicht hatten sie eben nicht genug«, beharrt Klara.

»Das können wir ja nachprüfen«, meint Katlin. »Wo geht's denn hier zum Heuboden?«

»Heuboden?«

»Da werden die ganzen Heuballen und die Strohballen aufbewahrt«, erklärt Katlin knapp.

Doch bevor die Mädchen noch nach einer Treppe oder einer Leiter suchen können, kommt Herr Weinfels in den Stall.

Er versucht streng auszusehen. »Wenn ihr nicht in einer Minute eure Sachen aus dem Bus holt und ins Haus geht, könnt ihr mit euren Schlafsäcken hier bei den Ponys schlafen!«

Aber das mit dem Strengaussehen gelingt Herrn Weinfels genauso wenig wie Frau Popkorn. Und jetzt muss er sogar kichern. »Na, ich schätze, das war keine allzu große Drohung für euch, was? Ihr würdet wahrscheinlich gar nichts dagegen haben, hier im Stall zu schlafen, wie?«

Die Mädchen grinsen auch. Trotzdem, oder vielleicht gerade deswegen, folgen sie ihm brav.

Draußen haben die Jungen mit Frau Popkorn schon den ganzen Bus entladen und schaufeln die Koffer und Taschen jetzt ins Haus.

Eine gute Stunde räumen die Kinder begeistert, tauschen zehnmal hintereinander die Betten, vergleichen das große Zimmer der Mädchen mit dem Zimmer für die Jungen und sitzen schließlich aufgeregt und gut gelaunt am Abendbrottisch. Die merkwürdige Sache mit dem Heu auf dem Boden der Ponyboxen haben die Mädchen schon fast wieder vergessen.

Bevor es Schlafenszeit ist, kramt Frau Popkorn eins ihrer vielen Bücher aus dem Gepäck und liest den Kindern im Aufenthaltsraum noch ein bisschen vor. Und Frau Popkorns geliebte Detektivgeschichten finden auch die Mädchen spannend.

»Achtung, Klasse 4 D, seid ihr bereit?«, ruft die Lehrerin.

Alle nicken.

»Dann los, Detektivklasse! Achtet besonders auf die Kleinigkeiten!«

Lulu seufzt. Das findet sie ja gerade so anstrengend! Dass man auch noch auf Kleinigkeiten achten muss!

Doch die anderen Kinder sind begeistert dabei. Wild raten alle bereits mitten in der Geschichte durcheinander, wer der Täter sein könnte. Sogar Herr Weinfels macht mit.

»Mann, ich wusste gar nicht, dass Herr Weinfels auch so auf diesen Krimikram steht!«, raunt Titus leise Kevin zu.

»Stimmt, echt merkwürdig!«, gibt Kevin zurück.

Doch dann lauschen die beiden, wie die

anderen der Klasse, mit angehaltenem Atem dem Rest des Buches. Und schließlich ist der Täter überführt und die Geschichte zu Ende. Keiner der Klasse hat diesmal richtig geraten. Nicht einmal Herr Weinfels.

»Frau Popkorn?«, meldet sich ganz zum Schluss Lulus Zwillingsbruder Leon. Denn Leon würde, wie seine Schwester, ganz sicher lieber etwas weniger aufregende Geschichten hören. Besonders vor dem Einschlafen.

»Meinen Sie«, fragt er schüchtern, »dass solche Sachen auch in Wirklichkeit passieren?«

»Na, was glaubst du denn!«, grinst Titus verächtlich. »In Wirklichkeit passieren noch viel gefährlichere Dinge!«

»Ehrlich?«, haucht Leon mit vor Schreck aufgerissenen Augen.

»Na klar!«, meint Titus heftig nickend. »Wenn es nicht so viele gefährliche und total kriminelle Kerle gäbe, bräuchten wir ja wohl auch nicht so viele Gefängnisse, oder?«

Leon guckt Frau Popkorn Hilfe suchend an.

»Na ja«, meint die Lehrerin und streicht sich ein paar Haarsträhnen aus dem Gesicht. »Also, es wird wohl schon hier und da ein paar echte Gauner geben.«

Da sieht Leon allerdings schlagartig so aus, als fände er diese Aussicht gar nicht sehr schön.

Frau Popkorn lächelt ihn aufmunternd an. »Aber auf Ponyhöfen gibt es garantiert keine kriminellen Kerle!«

»Sicher?«, fragt Leon zaghaft.

»Ganz sicher!«, lächelt Frau Popkorn.

Und da sieht auch Leon endlich wieder etwas beruhigter aus.

Als alle Kinder spät abends in ihren Betten liegen, hört man im Jungenzimmer noch Benjamins Stimme.

»Aber das, was Frau Popkorn vorhin gesagt hat, war doch echt Quatsch! Ich meine, solche harten Dinger, so 'n Krimikram, der

kann doch wohl überall passieren! Auch auf einem Ponyhof! Mein Papa sagt ...«

»Halt die Klappe!«, sagt Titus. »Was dein Papa sagt, interessiert uns nicht.«

»Ich mein ja nur«, brummelt Benjamin.

»Und außerdem hat Frau Popkorn bestimmt Recht«, meldet sich Murat. »Auf Ponyhöfen passiert so was nicht. Verbrechen, die gibt es in Museen oder bei reichen Leuten oder eben da, wo es was zu klauen gibt. Und was sollte man hier wohl klauen?«

»Mädchen!«, kichert Kevin. »Einen ganzen Haufen Mädchen! Davon gibt's hier sowieso viel zu viele!«

Da kichern auch die anderen.

»Nee«, meint Titus schließlich, »wenn hier was Aufregendes passieren soll, müssen wir das schon selbst in die Hand nehmen.«

Die anderen Jungen richten sich erstaunt auf. »Wie meinst 'n das?«

Titus macht eine warnende Handbewegung. »Leise!«

Dann winkt er die anderen näher zu sich ran.

»Also, hört zu, Leute, ich hab mir da heute im Bus was ausgedacht ...«

DIE ERSTE REITSTUNDE

Am nächsten Morgen beim Frühstück haben die Jungen allerbeste Laune. So alleralleraller-beste Laune, dass die Mädchen doch etwas misstrauisch werden.

»Na, wenn es euch plötzlich so gut gefällt auf dem Ponyhof«, stichelt Paulina, »möchtet ihr euch vielleicht doch mal ein paar Haarschleifen von mir ausleihen?«

Aber nicht mal das scheint Titus zu stören.

»Och«, meint er seelenruhig, »ich finde, wenn man sich nur ordentlich Mühe gibt, kann es einem überall gefallen, oder?«

Er dreht sich zu den anderen Jungen am Tisch um. Und die scheinen diese Antwort ungeheuer witzig zu finden. Sie können sich vor Lachen kaum noch einkriegen.

»Blödmänner!«, zischt Paulina da verächtlich.

Und Finja legt ihre Stirn in Falten.

»Die Jungen haben irgendwas vor«, flüstert sie ihren Freundinnen zu.

»Keine Sorge«, grinst Katlin. »Nach der ersten Reitstunde sind die mit ganz anderen Dingen beschäftigt!«

»Womit denn?«, fragt Lulu erstaunt.

»Na, mit ihrem Hintern zum Beispiel!«, kichert Katlin. »Der wird ihnen nach dem ungewohnten Reiten nämlich ganz schön wehtun!«

Da kichern auch die anderen Mädchen am Tisch und die Jungen gucken blöd.

Nach dem Frühstück versammeln sich alle Kinder im Hof. Denn nun soll es endlich losgehen mit den Reitstunden.

Zwei Männer in Jeans und karierten Hemden erwarten sie. Sechs gesattelte Ponys stehen am Zaun angebunden in der Sonne und recken ihre Köpfe.

»Prächtiges Wetter zum Reiten!«, strahlt der eine der beiden Männer.

»Ich bin übrigens Herr Luschinski«, stellt er sich dann vor. »Ich und Herr Nietnagel hier …«, er nickt zu dem zweiten Mann rüber, »… wir haben den Hof gepachtet. Tja, und ich hoffe, ihr werdet eine schöne Woche bei uns haben!«

Er lächelt die Kinder mit zwei dicken Goldzähnen vorne breit an.

»Äh bääääh«, macht Kevin hinter Titus leise. »Der ist ja total widerlich!«

»Kannst du wohl sagen!«, flüstert Paulina. Dieses eine Mal ist sie tatsächlich einer Meinung mit Kevin und Titus.

Der zweite Mann, Herr Nietnagel, nickt wortlos zu allem, was Herr Luschinski von sich gibt. Und sein Lächeln – obwohl ohne Goldzahn – ist noch breiter als das von seinem Kumpel.

»Wir haben uns gedacht«, erklärt jetzt Herr Luschinski, »dass ihr nacheinander reitet. Ihr seid achtzehn Kinder und dies hier sind sechs Ponys, richtig?«

»Mann, hält der uns für bescheuert?«, raunt Murat Benjamin zu. »Glaubt der, wir können nicht bis sechs zählen?«

Nachdem einige der Kinder brav genickt haben, redet Herr Luschinski weiter. »Wie viele Reitgruppen wird es also heute geben? Na? Wer weiß die Antwort?«

»Wenn der so weitermacht, dann wird es ganz sicher keine einzige Gruppe geben«, flüstert Titus. »Ich lauf nämlich gleich weg!«

Paulina und Katlin kichern.

Doch Lulu meldet sich.

»Drei Reitgruppen«, verkündet sie stolz. »Achtzehn geteilt durch sechs sind drei.«

»Sehr gut, Kleine!«, lächelt Herr Goldzahn-Luschinski zähnefletschend.

»Was für ein Ekel!«, stöhnt Max von hinten.

»Mensch, der soll Reitunterricht geben und nicht Mathe!«, mault nun auch Katlin.

»Wer hat denn schon mal auf einem Pony gesessen?«, fragt der goldlächelnde Herr Luschinski jetzt.

Zögernd hebt Katlin die Hand.

Für eine Sekunde erlischt das Lächeln auf Herrn Luschinskis Gesicht. »So, so, du hast also schon mal …«

»Aber gut reiten kann ich nicht«, meint Katlin da bescheiden.

»Ah.« Sofort hellt sich Herrn Luschinskis Gesicht wieder auf. »Hast wohl nur ein paar Mal auf dem Jahrmarkt ein paar Runden gedreht, was?«

»Nein«, antwortet Katlin wahrheitsgemäß, »ich reite jede Woche in einer Reitschule.«

»Ach«, macht Herr Luschinski und wird deutlich blasser. Dann räuspert er sich. »Na ja – äh – also, das – äh – das ist ja nett. So, nun aber rauf auf die Viecher!«

Er haut einem der Ponys auf sein Hinterteil, sodass es erschrocken zusammenzuckt.

Während die meisten Kinder johlend auf die

Ponys zustürmen, zieht Katlin kopfschüttelnd ihre Stirn in Falten. »Mann, ist das ein Idiot!«

»Nicht drängeln!«, ruft Herr Luschinski. »Ihr kommt alle dran.«

Rasch haben Goldzahn-Luschinski und sein Kumpel Herr Nietnagel sechs Kindern auf die Ponys geholfen. Die anderen Kinder bauen sich hinter dem Zaun auf und schauen gespannt zu, was nun passieren wird.

Eine ganze Zeit passiert gar nichts. Denn die Ponys stehen genauso wie Herr Luschinski und Herr Nietnagel nur auf der Koppel herum und dösen.

»Tja«, meint Herr Luschinski und kratzt sich am Kopf, »ihr müsst natürlich die Zügel in die Hand nehmen!«

Folgsam nehmen die sechs Kinder die Zügel in die Hand.

»Und nun?«, ruft Emily und sieht Herrn Luschinski fragend an.

Da gibt Herr Luschinski dem Pony von Emily einen kräftigen Klaps auf den Hintern.

Und das setzt sich daraufhin tatsächlich in Bewegung.

»Geht doch!«, grinst Herr Luschinski zufrieden.

Nachdem er auch die anderen Ponys zum Laufen gebracht hat, lehnt er sich entspannt an den Zaun und guckt nur noch zu. Die reitenden Kinder kichern und albern eine Weile auf ihren Ponys herum. Doch schließlich fragt Sebastian: »Also, dieses Reiten ist ja ganz nett. Aber wie bringe ich denn nun mein Pony dazu, zur Abwechslung mal dahin zu gehen, wo ich hinwill?«

Die Ponys haben sich nämlich inzwischen dem Grasen zugewendet. Das heißt, sie gehen brav ein paar Schritte, bleiben dann aber stehen und senken ihren Kopf, um hier und da ein paar saftige Grasbüschel abzureißen.

Und Klara rutscht immer unruhiger auf ihrem Sattel hin und her. Als sie an Katlin und Finja vorbeireitet, stöhnt sie sogar laut. »Mensch, Katlin, du hast überhaupt nicht erzählt, wie grässlich unbequem so ein Sattel ist. Das kann man ja kaum aushalten!«

Katlin guckt sie erstaunt an. Dann guckt sie den Sattel an. Guckt genauer ... und schlägt sich an die Stirn. »Das glaub ich echt nicht! He, Klara, halt sofort an!«

Klara dreht sich im Sattel um und grinst. »Wie denn?«

Da klettert Katlin einfach über den Zaun und greift in Klaras Zügel. »Komm sofort runter!«

FRAU POPKORN IN SCHWIERIGKEITEN

»Was ist denn los? Spinnst du?«, fragt Klara und starrt Katlin verblüfft an.

»Dein Sattel liegt falsch herum auf dem Ponyrücken!«, sagt Katlin. »Kein Wunder, dass du ihn nicht gerade bequem findest! Aber dein armes Pony findet ihn bestimmt noch um einiges unbequemer, glaub mir!«

»Hä?« Klara versteht nicht ganz, was Katlin überhaupt meint.

Doch da hat Katlin sie schon vom Pony gezogen.

»He! Was ist denn da hinten los?« Herr Luschinski kommt mit finsterer Miene auf Katlin und Klara zugestapft. »Hier kommen alle dran! Und zwar nacheinander, verstanden?«

Aber Katlin sieht kein bisschen einge-

schüchtert aus. Ganz im Gegenteil. Böse funkelt sie ihn an.

»Satteln Sie Ihre Ponys immer so?«, faucht sie grimmig.

Klara und ein paar der anderen Kinder sperren die Münder auf. Na, das ist ja wohl ganz schön frech von Katlin, Herrn Luschinski so anzuschnauzen!

»Oder finden Sie das etwa in Ordnung?« Katlins Stimme ist kein bisschen leiser geworden.

Nun kommt auch Frau Popkorn dazu. »Was, bitte, ist hier los, Katlin?«

Katlin antwortet nicht. Unverändert wütend starrt sie Herrn Luschinski an.

»Worum geht's denn?«, versucht es Frau Popkorn nun bei dem Hofeigentümer.

»Ich habe nicht die leiseste Ahnung, was dieses Kind von mir will!«, behauptet Herr Luschinski.

Frau Popkorn seufzt hilflos. Solche Situationen liebt sie gar nicht!

»Das glaube ich Ihnen«, sagt Katlin frech. »Sie haben wohl überhaupt ziemlich wenig Ahnung von Ponys, was?«

»Na, das ist doch ...!« Herr Luschinski schnappt nach Luft.

»Katlin!« Auch Frau Popkorn ringt nach Atem. Hilfe suchend guckt sie sich nach Herrn Weinfels um. Doch der ist nicht in Sicht. Dann wendet sie sich wieder den Mädchen und dem Goldzahn-Mann zu. »Katlin, was ist nur in dich gefahren? Entschuldige dich sofort!«

»Wofür?«, sagt Katlin widerspenstig. »Dafür, dass ich die Wahrheit gesagt habe? Der weiß doch garantiert nicht mal, wie man reitet! Und wie man Ponys behandelt, weiß er noch weniger!«

»Na, also wirklich ...!«, macht Frau Popkorn halbherzig.

Doch als Klaras Pony nun einen neugierigen Schritt auf sie zumacht, weicht sie mit einem Aufschrei ein paar Schritte zurück.

Katlin guckt sie erstaunt an. Was ist denn nun los?

»Ja, ich … äh …«, stottert Frau Popkorn und wischt sich verlegen ein paar Haarsträhnen aus dem Gesicht, »also … äh … ich finde, Ponys sind – äh – ziemlich große Tiere. Findet ihr nicht?«

Katlin, Klara und Finja grinsen. Hat ihre Lehrerin hier eben zugegeben, dass sie Angst vor Ponys hat?

»Klar, klar, riesig sind die!«, gluckst Finja.

Da wird Frau Popkorn fast ein bisschen rot. »Na, das ist aber nicht nett von euch, euch hier über mich lustig zu machen!« Doch auch sie grinst. Etwas verlegen zwar. Aber immerhin. Allerdings nur so lange, bis der hellbraune Vierbeiner einen weiteren Schritt auf sie zu macht.

Ponys sind neugierig. Und dieses Pony möchte anscheinend zu gern mal wissen, warum diese merkwürdige Frau dauernd rückwärts geht. Ob es bei ihr vielleicht was Interessantes zu schnuppern gibt? Am Ende hat die Frau sogar ein paar Möhren in der Tasche, die man naschen könnte?

Freundlich schnüffelnd streckt es seinen Kopf weit vor. So weit, dass Frau Popkorn mit einem erschrockenen Quieken noch einen großen Schritt zurückweichen muss und – weil sie hinten keine Augen hat – in einem kleinen Berg aus Pferdeäpfeln landet. Oder eben Ponyäpfeln.

Was vielleicht nicht allzu schlimm gewesen wäre. Schuhe kann man schließlich wieder sauber machen. Auch wenn sie stinken. Aber leider sind frische Pferdeäpfel ziemlich weich. Und rutschig.

Und bevor die arme Frau Popkorn noch begreift, was ihr geschieht, rutscht sie tatsächlich! Auf ihren glatten Schuhsohlen gibt es kein Halten mehr. Mit verschreckt aufgerissenen Augen landet sie mitten in der braunen Pampe!

Die Ärmste ist so geschockt, dass sie ein

paar Sekunden einfach bewegungslos sitzen bleibt. Doch dann fängt sie an zu schreien. Nein, zu brüllen.

»Hilfe!«, brüllt Frau Popkorn. »Hiiilfe!!«

Das ist zu viel für Katlin, Klara und Finja. Der Anblick ihrer Lehrerin, die mit ausgestreckten Beinen und Armen in der Pferdekacke sitzt, ist einfach zu komisch! Auch wenn sie sich sehr bemühen, das Lachen zurückzuhalten. Schließlich ist es für Frau Popkorn ja wohl gerade nicht ganz so komisch! Lauthals prusten die Mädchen los.

»Hilfe!«, haucht Frau Popkorn noch einmal sehr viel leiser. »Oh, Hilfe! Warum kommt denn niemand und hilft mir?«

Aber es kommt ja jemand! Das freundliche Pony kommt und will sich diese äußerst merkwürdige Frau noch mal aus der Nähe ansehen. Was macht die denn bloß mitten in den Pferdeäpfeln? Also, Menschen sind schon komisch!

»Hiiiilfe!«, brüllt Frau Popkorn jetzt wieder in den höchsten Tönen, als der Ponykopf sich zu ihr runterbeugt.

Doch da hat der Hellbraune genug. Nee, nun fängt diese Frau auch noch an zu schreien! Das muss man sich als Vierbeiner aber nicht anhören! Unwillig schüttelt er seinen Kopf, sodass die dicke Mähne fliegt. Dann wendet er sich ab, trottet ein paar Schritte weiter und fängt friedlich an zu grasen.

»Ganz ruhig, Frau Popkorn«, versucht Katlin trotz Kichern zu sagen. »Er tut Ihnen doch nichts! Er wollte nur mal gucken, was Sie da unten machen!«

»Ja, aber echt, was *machen* Sie eigentlich da unten?«

Genau in diesem Moment ist Titus dazugekommen. Und auch die anderen Kinder drängeln sich um Frau Popkorn und die Mädchen. Inzwischen haben natürlich alle mitgekriegt, dass es hier was zu sehen gibt!

Die arme Frau Popkorn hat sich allmählich etwas beruhigt. Zumindest hat sie aufgehört zu brüllen. Ungläubig sieht sie jetzt an sich herunter und dann auf die Matsche unter ihr.

»Das glaub ich einfach nicht!«, stöhnt sie mit kugelrunden Augen und strohhalmdünnem Mund.

Aber glauben muss sie es. Wohl oder übel. Und endlich hat auch jemand ein Erbarmen mit ihr. Herr Luschinski reicht ihr die Hand und zieht sie hoch.

Er versucht ein kleines Lächeln. »Tja, solche Dinge passieren eben auf einem Ponyhof!«

»So, meinen Sie?«, ist alles, was Frau Popkorn spitz antwortet. Und in diesem Moment sieht sie so aus, als würde sie Herrn Luschinski auch nicht mehr ganz so nett finden.

Herr Luschinski klatscht in die Hände. »Genug gegafft, Kinder! Steht hier nicht so dumm rum! Eure Lehrerin braucht jetzt eine Dusche.« Er wendet sich Frau Popkorn zu. »Kommen Sie, ich zeige Ihnen, wo Sie sich frisch machen können!«

»He, halt!«, ruft Katlin da, bevor er mit Frau Popkorn am Arm verschwinden kann. »Was ist denn nun mit dem Sattel? Wollen Sie den so lassen?«

»Ich weiß überhaupt nicht, was du von mir willst«, antwortet Goldzahn-Luschinski ärgerlich und lächelt Katlin kein bisschen goldig an.

Aber das macht nichts, denn Katlin lächelt ebenfalls kein bisschen. Schon gar nicht goldig. »Sehen Sie denn nicht, dass der Sattel falsch herum liegt?«

Herr Luschinski seufzt genervt, aber er guckt sich das grasende Pony wenigstens an.

»Hm«, macht er schließlich. Denn der Sattelfehler ist deutlich sichtbar. Vorne sieht ein Sattel nun mal ganz anders aus als hinten.

»Tja«, macht er dann. So, als wisse er nicht ganz, was er dazu sagen soll.

Dann scheint er sich entschieden zu haben. Unübersehbar reißt er sich zusammen und ist wieder der Goldzahnlächler. »Nicht zu fassen, kleines Mädchen! Dass dir das aufgefallen ist! Du hast tatsächlich Recht! Natürlich liegt der Sattel falsch herum. Da kann man mal sehen, was passiert, wenn man nicht alles selber macht!«

»Tja, und da kann man mal sehen, was passiert, wenn man keine Ahnung von Ponys hat!«, raunt Katlin leise Finja zu.

Herr Luschinski ist nun eifrig damit beschäftigt, den Sattel andersherum auf dem Ponyrücken zu platzieren. Sehr unsanft geht er dabei vor. Das arme Pony zuckt richtig zusammen. Das kann nicht nur Katlin, sondern das können auch die anderen Kinder sehen. Doch Katlin sagt nichts mehr.

Sie zupft Finja und Emily am Ärmel. »Los, wir hauen hier ab! Das ist ja nicht zum Aushalten!«

Die Mädchen rennen ins Haus und in ihr Zimmer. Das müssen sie jetzt erst mal in aller Ruhe besprechen!

»Das ist aber ein komischer Ponyhof, wo

der Besitzer nicht mal weiß, wie man richtig sattelt!«, wundert sich Lulu.

»Und wo er nicht weiß, was man in die Boxen tut«, erinnert Klara.

»Der Kerl weiß einfach überhaupt gar nichts über Ponys!«, schnaubt Katlin wütend. »Ich möchte wirklich mal wissen, wie der an diesen Hof und die ganzen Ponys überhaupt gekommen ist!«

»Stimmt«, meint Emily, »das ist schon merkwürdig. Warum betreibt ein Mann, der nichts davon versteht, einen Ponyhof?«

»Na, hört mal«, meldet sich jetzt Marlene zu Wort, »vielleicht hat Herr Luschinski das Pony ja wirklich nicht selber gesattelt. Und in der Eile hat er den Fehler übersehen. Wäre doch möglich, oder?«

Da grunzt Katlin nur. »Blödsinn! Der Kerl hat keine Ahnung von Pferden oder Ponys! Ich sag euch, irgendwas stimmt hier nicht!«

PLÄNESCHMIEDEN BEIM ABENDESSEN

Währenddessen beschweren sich auf dem Reitplatz immer mehr Kinder.

»Frau Popkorn, Frau Popkorn! Der zeigt uns überhaupt nicht, wie das geht!«

»Frau Popkorn, mein Pony will nicht laufen!«

»Frau Popkorn, ich will wieder runter! Das macht gar keinen Spaß!«

Doch Frau Popkorn hat im Moment eigene Sorgen. Sie läuft ins Haus, ohne auf die Kinder zu achten. Schließlich muss sie schnellstmöglich einen bestimmten Dreck von ihrem Körper waschen!

Und außerdem hat sie für heute ganz sicher genug von Ponys und den Dingen, die damit zu tun haben …!

»Ich kann wirklich nicht begreifen, wieso

Leute freiwillig zum Reiten gehen!«, murmelt sie leise kopfschüttelnd vor sich hin.

Eilig verschwindet sie in ihrem Zimmer.

Erst zum Abendessen taucht sie wieder auf. Mit ihren strohhalmdünn zusammengekniffenen Lippen setzt sie sich an ihren Platz.

»He, Frau Popkorn«, ruft Kevin feixend quer über den Tisch, »Sie brauchen sich keine Sorgen machen, hier am Tisch gibt's keine Ponys! Die sind jetzt alle in ihren Boxen im Stall!«

Die halbe Klasse muss so kichern, dass es sich eher wie das Wiehern einer großen Herde anhört. Nur Frau Popkorn wiehert nicht mit. Sie seufzt leise.

Da wirft ihr Herr Weinfels ein aufmunterndes Lächeln rüber. Und das scheint mehr zu helfen als ein lustiger Spruch. Frau Popkorn sieht gleich deutlich entspannter aus.

»Ey, hast du gesehen?«, raunt Titus Kevin zu. »Herr Weinfels und Frau Popkorn. Da ist doch was am Laufen!«

»Nee, 'ne?« Kevin grinst.

»Garantiert! Deshalb steht der plötzlich so auf diesen ganzen Krimikram von Frau Popkorn!« Titus stößt nun auch Murat unauffällig an. »He, wir müssen die Sache mit den Mädchen noch ein bisschen verschieben. Weitersagen, ja? Heute Abend haben wir erst mal einen anderen Fall zu lösen!«

Kevin kichert. »Du meinst, du willst ganz sichergehen, ob Frau Popkorn und Herr Weinfels ...?«

»Genau«, nickt Titus. »Das würde ich doch gerne wissen, was da zwischen den beiden läuft. Also, beschatten ist angesagt. Und zwar knallhart! Den ganzen Abend lang!«

»Klar, Mann!« Benjamin ballt begeistert seine Faust. »Schließlich sind wir die Klasse 4 D! D wie Detektiv! Uns kann nichts verborgen bleiben!«

Er nimmt einen kräftigen Bissen Schwarzbrot, dann überlegt er. »Aber schon schade, dass wir das mit dem Mädchenerschrecken verschieben! Auf das blöde Gekreische hab ich mich schon den ganzen Tag gefreut! Meinst du nicht, wir könnten vielleicht beides …?«

Titus grinst verständnisvoll. »Na ja … hm. Ach, was soll's, klar! So lange kann das Hinterher-Spionieren ja nicht dauern! Auf dem Rückweg haben wir bestimmt noch Zeit, einen kleinen Abstecher ins Mädchenzimmer zu machen. Nimm deine beiden Pistolen auf jeden Fall mit!«

Benjamin strahlt glücklich und nickt. Beinahe hätte er sich vor Eifer an ein paar Brotkrümeln verschluckt.

»Und vergiss nicht, genug Munition einzupacken!« Titus kichert. »Damit die Mädchen auch ordentlich was davon haben!«

»Wovon sollen die Mädchen was haben?« Murat lehnt sich zu den beiden rüber.

»Na, du weißt schon«, flüstert Kevin, »heute Nacht, Aktion Pistolenknallen-im-Mädchenzimmer! Haben wir doch gestern Abend besprochen!«

»Genau!« Benjamin reibt sich die Hände. »Aber wir sollten das unbedingt erst ein paar Stunden nach dem Einschlafen starten. Erst, wenn sie richtig tief und fest schlafen. Mein Papa sagt, wenn man richtig tief und fest schläft …«

»Oh, halt die Klappe mit deinem Papa!«, schnaubt Titus. »Wir haben sowieso erst noch was anderes vor. Ich erkläre euch gleich alles, wenn wir im Bett liegen! Sonst kriegen die Mädchen noch was mit!«

Doch die Mädchen sind selbst so beschäftigt, dass ihnen das Geflüster der Jungen völlig entgeht.

Zwei Tische weiter empört sich Paulina gerade noch mal über die heutige Reitstunde. »Das kann man doch nicht Unterricht nennen!«

Ihre Freundinnen stimmen ihr völlig zu.

»Mit diesem Typen in der Nähe kriegt mich keiner auf ein Pony!«, meint Katlin immer noch böse. »Wenn ich das gewusst hätte,

hätte ich niemals dafür gestimmt, auf einen Ponyhof zu fahren!«

»Geht mir genauso!«, murrt Emily.

»Das hier ist kein normaler Ponyhof!«, ereifert sich Katlin. »Ich sag euch, irgendwas ist hier oberfaul!«

»Meine Güte, Katlin«, mischt sich jetzt Marlene ein. »Sag bitte nicht so schreckliche Sachen! Ich meine, wenn du Herrn Luschinski nicht magst, ist das ja okay. Aber deswegen musst du doch nicht so tun, als würde mit dem ganzen Ponyhof was nicht stimmen!«

Katlin guckt Marlene einen Moment verärgert an.

Da wird Marlene von Klara unterstützt. »Wir haben außer der Sattelsache gar keine Beweise, oder?«

Katlin starrt sie an. »Wie viele Beweise braucht ihr denn noch? Denkt doch nur mal an die Heu-und-Stroh-Verwechslung. Die haben garantiert genug Stroh auf dem Heuboden. Die hatten nur keine Ahnung, was man in Ponyboxen streut!«

»Na ja, das *glaubst* du«, sagt Finja ruhig, »tatsächlich *wissen* tun wir das aber noch nicht, oder?«

Katlin grunzt nur verächtlich.

»Aber wir können es natürlich herausfinden«, redet Finja weiter und lächelt. »Und nebenbei können wir uns überhaupt mal ein bisschen genauer auf dem Hof umsehen. Vielleicht finden wir ja noch mehr Dinge, die für einen Ponyhof ungewöhnlich sind! Wofür sind wir denn die Klasse 4 D? D wie Detektiv! Wir sollten den ganzen Stall dringend gründlich untersuchen!«

»Wie denn?«, fragt Lulu schüchtern. »Dieser Luschinski und dieser Nietnagel scheuchen uns doch sofort weg, wenn wir nur in die Nähe der Ponys kommen!«

Und das stimmt. Die Männer haben die Regel aufgestellt, dass die Kinder außerhalb der so genannten Reitstunden nicht zu den Ponys dürfen. Was für einen Ferienhof natürlich merkwürdig ist.

»Allein das ist ja wohl schon auffällig genug!« Katlin schüttelt den Kopf. »Auf welchem Hof dürfen Kinder die Ponys denn nicht mal streicheln?«

»Ich meinte ja auch nicht, dass wir den Luschinski und den Nietnagel um Erlaubnis zum Rumschnüffeln bitten sollten!«, grinst Finja. »Mensch, das müssen wir natürlich geheim erkunden! Wie echte Detektive eben!«

»Ach herrje!«, seufzt Lulu. Nicht genug, dass sie mit Frau Popkorn ständig an Kriminalgeschichten herumrätseln muss! Nein, nun soll sie auch noch *in Wirklichkeit* so grässliche Detektivarbeit leisten! Sie seufzt noch einmal.

»Also ich finde die Idee super!«, sagt Emily. »Wenn wir nicht reiten, ist es hier doch sterbenslangweilig! Wir sollten uns gleich heute Nacht auf den Weg machen!« Dann guckt sie zu Lulu rüber. »Und du musst ja nicht mitkommen, wenn du nicht willst!«

Aber da seufzt die nur noch lauter. Natürlich wird sie mitkommen! Sie will doch nicht als Einzige zurückbleiben!

»Und wenn uns dieser Herr Luschinski erwischt?«, fragt Marlene noch.

Darüber scheinen sich die anderen jedoch keine Sorgen zu machen.

»Dann schmeißt er uns wahrscheinlich auf den Misthaufen!«, kichert Emily sorglos. »Was soll er denn schon machen können?«

»Tja.« Das weiß Lulu zwar auch nicht. Aber sie hat die schlimmsten Befürchtungen.

Doch alle anderen sind begeistert.

»Dann ist das also abgemacht?«, fragt Finja. »Heute Nacht?«

Die Mädchen nicken. Uii, das wird aufregend werden!

Da klopft Frau Popkorn mit ihrem Messer auf den Holztisch. Ruhe!, soll das heißen.

Aber es dauert etliche Minuten, bis die Kinder überhaupt mitkriegen, dass jemand um Gehör bittet.

Als endlich alle still sind, räuspert sich Frau Popkorn. Nervös streicht sie sich ein paar Haarsträhnen aus dem Gesicht.

Frau Popkorn mag kein lautes Durcheinanderquatschen. Sie mag auch keine Ponys und schon gar keine Höfe mit Pferdeäpfeln. Und – wie gesagt – möglicherweise mag sie noch nicht mal gerne Lehrerin sein. Aber am allerwenigsten mag sie garantiert Probleme. Und gerade davon scheint es leider allmählich doch einige zu geben. Das kann sogar Frau Popkorn nicht übersehen.

»Ja, also ...«, beginnt sie tapfer ihre Rede, »einige von euch haben sich ja heute Nachmittag geweigert zu reiten. Das – ähm – ist natürlich schade. Besonders, wenn man bedenkt, dass wir auf einem Ponyhof sind.« Sie macht eine kleine Pause.

»Obwohl ich es – ähm – durchaus nachvollziehen kann«, setzt sie leiser hinzu.

»Aber trotzdem«, fährt sie dann lauter fort, »trotzdem haben wir für tägliche Reitstunden bezahlt. Also schlage ich vor, dass wir heute früh schlafen gehen. Es war ein aufregender Tag …«

»Ja, besonders für Frau Popkorn!«, raunt Titus kichernd zu Kevin rüber.

»Und dass wir früh schlafen gehen, das wird wohl nichts werden!«, raunt Kevin grinsend zurück.

»… und dann sollten wir morgen mit neuer Energie die Sache noch einmal neu angehen!«, fährt die Lehrerin fort. »Was meint ihr?«

»Was denn? Sie wollen sich morgen schon wieder in so einen Haufen schmeißen?«, fragt Titus frech ganz laut.

Die Klasse johlt.

»Titus!!«, sagt Frau Popkorn streng. Oder sie versucht es zumindest streng zu sagen. Aber grinsen muss sie doch. Auch wenn sie dabei leicht rosa im Gesicht wird. Ein bisschen peinlich ist ihr das schon! »Du weißt genau, was ich gemeint habe! Das Reiten natürlich!«

»Och, schade, das andere war auch ganz lustig!«, meint Titus und lächelt ganz harmlos.

Als alle aufstehen, sagt Katlin leise: »Na, das werden wir ja sehen, was morgen ist!«

»Genau«, grinst Paulina, »erst mal werden wir heute Nacht nämlich herausfinden, was hier eigentlich los ist!«

DIE KLASSE 4 D SCHLEICHT LOS

Die acht Jungen der 4 D stehen flüsternd im Flur und beratschlagen. Es ist fast elf Uhr.

»Und wenn dieser Goldzahn-Typ hier gleich auftaucht?«

»Mann, mach dir nicht ins Hemd, Max!«, gibt Kevin zurück. »Wir haben doch gesehen, dass bei denen drüben im Haus überhaupt kein Licht mehr brennt. Die schlafen längst!«

»Um elf Uhr?« Max ist noch nicht beruhigt. »Erwachsene gehen doch nicht so früh ins Bett!«

»Wenn sie ihren Schönheitsschlaf brauchen, schon«, gluckst Benjamin. »Und Luschinski und Nietnagel haben den ja wohl ganz sicher nötig!«

Ein paar Jungen kichern.

»Also los, Leute«, bestimmt Titus schließlich, »Aktion Lehrerüberwachung ist gestartet! Als Erstes müssen wir herausfinden, wo sie sind.«

»Und dann, was sie tun!«, grinst Kevin.

»Genau«, nickt Titus. »Deshalb gehen vier von uns zu Frau Popkorns Zimmer und der Rest überprüft den Raum von Herrn Weinfels.«

Leon guckt erstaunt. »Wie wollen wir denn sehen, ob die da sind? Wenn wir da anklopfen, schicken die uns doch gleich wieder ins Bett!«

»Mann, bist du doof?« Murat schlägt sich an die Stirn. »Wir klopfen doch nicht bei denen an! Die dürfen ja gar nicht merken, dass sie ausspioniert werden! Wir gehen einfach nach draußen und gucken von außen durch die Fenster. Die schlafen doch im Erdgeschoss.«

»Ach so.« Leon guckt betreten zu Boden. Er hat gar keine Lust, immer der kleine Dumme zu sein. Aber diese Detektivarbeit, die liegt ihm einfach nicht!

»Dussel!« Ein paar der Jungen necken ihn zwar, hauen ihm aber dabei freundschaftlich auf die Schulter. Ist doch nicht schlimm, wenn einer kein Talent zum Detektiv hat!

»Wir treffen uns gleich wieder hier, klar?«, ruft Titus leise. »Zum Informationsaustausch.«

»Zum was?«, fragt Sebastian und reißt seinen Mund auf. Dieses lange Wort hat er garantiert noch nie gehört!

»Zum ...«, will Murat wiederholen. »Ach, egal. Das ist nur so ’n Wort aus der Detektivarbeit. Das bedeutet, dass wir uns gegenseitig sagen, was wir herausgefunden haben.«

»Cool«, meint Sebastian. »Wie bei echten Profis!«

»Wir *sind* echte Profis!«, sagt Titus empört. »Wir sind die Klasse 4 D!«

»Ja, D wie Detektiv«, seufzt Leon leise.

Und dann schleichen die acht Jungen endlich in zwei verschiedene Richtungen los.

Zur gleichen Zeit versammeln sich die zehn Mädchen der 4 D ein paar Meter weiter in ihrem Schlafsaal.

»Habt ihr Lulu endlich wach gekriegt?«, fragt Paulina. »Wenn nicht, dann gehen wir eben ohne sie.«

»Nein, nein, hier bin ich doch!«, ruft Lulu schnell und reibt sich den Schlaf aus den Augen.

Sie seufzt. Nein, sie kann sich was Schöneres vorstellen, als mitten in der Nacht aufzustehen! Blödes Detektivleben! Trotzdem marschiert Lulu mutig hinter den anderen Mädchen her. »Wartet doch! Nicht so schnell! Ich seh überhaupt nichts.«

Sie will gerade zum Lichtschalter greifen, da reißt Finja ihre Hand zurück. »Bloß kein Licht! Mensch, wir dürfen doch nicht erwischt werden!«

Lulu seufzt noch mal leise. Dann trottet sie brav weiter. Auch wenn sie dauernd an irgendwas anrempelt.

»Schsch!«, macht Katlin böse von weiter vorn.

Vorsichtig öffnet Finja die Haustür.

»Wo wollen wir denn überhaupt hin?«, wispert Marlene.

»Haben wir doch alles besprochen! Als Erstes auf den Heuboden!«, erinnert sie Emily. »Um zu überprüfen, ob möglicherweise wirklich nicht genug Stroh für die Boxen da war und sie deshalb das Heu nehmen mussten.«

»Ach ja.« Marlene nickt.

Es ist eine warme Sommernacht. Draußen ist es viel heller als im dunklen Haus. Der Mond steht dick und rund am wolkenlosen Himmel. Er taucht den Platz zwischen Stall und Wohnhaus in unheimliches Licht.

»Schnell!« Finja winkt ihren Freundinnen. »Rüber zum Stall! Falls Luschinski oder Nietnagel aus dem Fenster gucken, dürfen sie uns hier nicht sehen!«

Die schwere Stalltür quietscht bedenklich,

als Finja und Katlin sie gemeinsam für die anderen aufhalten. Endlich sind alle drinnen.

Links geht der lange Gang mit Boxen rechts und links ab. Auf der anderen Seite ist ein kleiner Raum, in dem die Sättel hängen. Dort ist das einzige Fenster des Stalles. Helles Mondlicht scheint von draußen herein, sodass die Mädchen auf der Sattelseite alles gut erkennen können. Die Stallhälfte mit den Boxen aber ist in totale Dunkelheit gehüllt.

»Und jetzt?«

»Da drüben, die Leiter.« Katlin deutet auf eine lange Holzleiter hinter den Sätteln. »Da geht's garantiert hoch zum Heuboden.«

Doch gerade als sie ihren Fuß auf die erste Sprosse gestellt hat, zischt Klara: »Wartet! Emily muss noch schnell *Belly* guten Abend sagen!«

Marlene und Betty kichern. So was Albernes! Das ist doch nur ein Fohlen!

Katlin verzieht ihr Gesicht. »Sie kann ja nachkommen. Sie weiß ja, wo wir sind.«

Aber diesmal kommt sie mit dem Fuß nicht mal an die Leiter. Ein Aufschrei von Emily hält sie zurück. Aufgeregt hören sie Emily aus der Boxengasse zurück ins Mondlicht zu den Sätteln laufen.

»Was ist denn los?«, fragt Katlin genervt.

»Belly!«, bringt Emily hervor. »Sie ist weg!«

»Und deswegen erschreckst du uns hier zu Tode?« Katlin guckt sie böse an. »Wo wird sie schon sein, auf der Weide natürlich!«

»Aber Herr Luschinski hat doch gesagt, die Ponys dürften nachts nicht auf die Weide, sondern würden immer im Stall stehen«, gibt Marlene zu bedenken.

»Na und?«, meint Katlin. »Dann hat er seine Meinung eben geändert.«

»He!«, ruft da plötzlich Klara von der Seite, auf der die Ponys stehen sollten. »Hier sind noch andere Boxen leer. Kommt mal rüber!«

Schnell laufen die Mädchen in die dunkle Boxengasse und tasten sich vorsichtig von

einer Wand zur nächsten. Wenn man ein bisschen wartet, gewöhnen sich die Augen an die Dunkelheit, und nach einer Weile können die Mädchen tatsächlich etwas erkennen.

Vier Boxen sind leer. Vier plus die Fohlenbox.

»Warum stellen die denn ein paar Ponys auf die Weide und die anderen müssen hier im Stall bleiben?«, fragt Lulu erstaunt.

»Auf der Weide sind sie gar nicht«, verkündet Betty da. Die Weide liegt direkt hinter den Ställen und ist vom Stallfenster aus gut zu sehen. »Die ist total leer. Absolut ponyleer.«

Emily guckt verschreckt. »Meinst du, jemand hat die Ponys geklaut?«

Einen Moment überlegen die Mädchen.

»Vielleicht sollten wir dem Luschinski Bescheid sagen?«, schlägt Klara vor.

»Ich weiß nicht«, meint Katlin. »Irgendwie riecht das hier schon wieder ziemlich faul. Echt oberfaul. Und ich habe das blöde Gefühl, dass es keine gute Idee ist, diesem Goldzahn-Typ zu sagen, dass wir hier rumschnüffeln!«

»Aber wenn sie nun geklaut sind?«, beharrt Emily.

»Viel wahrscheinlicher ist ja wohl, dass jemand einen Ausritt macht, oder?«, mischt sich Finja ein.

»Mitten in der Nacht?« Das findet Lulu aber nun doch ziemlich merkwürdig. Auch wenn sie natürlich keine gute Detektivin ist.

Katlin legt die Stirn in Falten und denkt nach.

»Wer könnte denn ausgeritten sein?«, überlegt sie dann. »Nur Luschinski und Nietnagel, oder? Sonst ist schließlich keiner hier auf dem Hof. Außer uns, meine ich.« Sie grinst die anderen an. »Und wir sind ja alle da, oder? Und – also ehrlich! – Goldzahn-Luschinski und sein Freund wüssten noch nicht mal, wie sie auf ein so großes Pony überhaupt raufkommen sollten. Da bin ich mir ganz sicher!«

»Also sind sie doch geklaut?«, fragt Emily.

»Hm«, machen Finja und Katlin sehr nachdenklich beide gleichzeitig. Finja, weil sie eigentlich eine Meisterdetektivin ist und fast jeden Fall aus den Büchern von Frau Popkorn im Handumdrehen löst. Und Katlin, weil sie versucht, ihren Ponyverstand einzusetzen. Wo können viereinhalb Ponys mitten in der Nacht bloß sein?

Während alle Mädchen einen Moment schweigend überlegen, knackt plötzlich über ihren Köpfen etwas. Alle gucken erschreckt nach oben.

»Www-was …«, will Lulu gerade ängstlich wispern, da legt Finja schnell den Finger auf den Mund und sieht Lulu drohend an. *Kein Wort!*, soll das heißen. Das versteht sogar Lulu.

Das Knacksen ist jetzt für alle deutlich zu hören. Erst ist es links über den Köpfen der Mädchen, dann wandert es nach rechts.

»Schritte«, haucht Marlene, »das sind Schritte. Irgendjemand ist da oben!«

»Www-wieso?«, bibbert Lulu. »Www-wer kann denn da oben sein?«

»Na, eins ist klar«, flüstert Paulina grinsend, die so leicht nichts erschrecken kann, »die Ponys sind es jedenfalls nicht! Oder können Ponys Leitern hochklettern?«

»Wer dann?«, fragt nun auch Emily.

»Woher soll ich das wissen?«, grinst Paulina. »Das werden wir gleich herausfinden!«

Und mutig setzt sie den ersten Fuß auf die Leiter.

AUF INS MÄDCHENZIMMER!

Zur gleichen Zeit kommen die Jungen von ihrem ersten Detektiv-Ausflug zurück. Im dunklen Flur stoßen sie fast aufeinander.

»He, Mann!«, stöhnt Murat, als er Sebastian direkt vor sich erkennt. »*Du* bist das!«

»Ja, Mann!«, antwortet Sebastian. »Was dachtest du, wer ich bin? Der wilde Geist aller verstorbenen Ponys?«

»Iiiihh!«, quiekt Leon leise. »Sagt doch nicht so unheimliche Sachen!«

Die anderen Jungen kichern.

»Also, was habt ihr rausgefunden?«, fragt Titus dann.

»Nichts«, meint Max. »Herr Weinfels war gar nicht in seinem Zimmer. Das war total leer.«

»Ach nee«, sagt Titus und tut sehr nachdenklich. Doch Kevin neben ihm grinst breit.

»Wieso?«, fragt Max. »Was macht denn Frau Popkorn?«

»Keine Ahnung«, grinst Titus nun auch. »Doch das werden wir jetzt sofort rausfinden. Die war nämlich auch nicht in ihrem Zimmer.«

»Hä?«, macht Benjamin.

»Kapiert ihr nicht?«, gluckst Kevin. »Wenn Herr Weinfels nicht in seinem Zimmer ist und Frau Popkorn auch nicht ...«

»Du meinst«, sagt Murat, »dann könnten sie vielleicht *zusammen* nicht in ihrem Zimmer sein?«

»Ganz genau!«, nickt Titus zufrieden, als hätte er soeben einen schweren Fall gelöst.

»Und was soll daran so aufregend sein?«, fragt Max.

»Na, was werden die beiden wohl zusammen mitten in der Nacht irgendwo hier draußen machen?«, giggelt Kevin.

Max guckt ihn abfällig an. »Was werden die schon machen! Frau Popkorn tut doch sowieso nichts anderes, als Detektivgeschichten lesen!«

»Egal«, meint Titus. »Was sie auch immer tun, wir werden es herausfinden! Mir nach, Leute! Jetzt wird das ganze Gelände abgesucht. Wir geben nicht eher auf, bis wir sie gefunden haben! Wir sind schließlich Profi-Detektive!«

»Wollten wir nicht eigentlich die Mädchen erschrecken?«, meint Fabian.

»Au ja!«, ruft Max. »Lasst uns jetzt erst mal eine Runde Pistolenschießen im Mädchenzimmer machen!«

»Na schön«, gibt Titus nach. »Aber ich sage euch, ihr verpasst womöglich sehr interessante Dinge!«

»Was denn für interessante Dinge! Wenn Frau Popkorn und Herr Weinfels womöglich hier irgendwo knutschen – iihhh! –, das möchte ich gar nicht sehen!« Max schüttelt sich vor Ekel.

»K-k-k-knutschen?«, wiederholt Leon. Ihm

bleibt vor Schreck der Mund offen stehen. »Ihr meint, dass …?«

»Quatsch!«, ruft Murat dazwischen. »Die werden einfach einen kleinen Spaziergang im Mondschein machen. Was ist schon dabei!«

»Und ich finde, wir sollten jetzt endlich mal zu den Mädchen *spazieren*!«, ruft Fabian. »Sonst geh ich nämlich gleich ins Bett.«

Und da tun sie das auch mal lieber. Bevor hier noch mehr Jungen vor Langeweile einschlafen.

Leise schleichen sie sich an das Zimmer der Mädchen heran. Vorsichtig halten Titus und Benjamin ein Ohr gegen die Tür. Dann nicken sie den anderen zu. Drinnen ist alles leise.

Zentimeter für Zentimeter drückt Titus die Klinke herunter und lugt in den Raum. Dann macht er die Tür mit einem Ruck ganz auf. »Das glaub ich nicht! Hier ist ja auch keiner! Alles leer! Ja, sind die denn alle zusammen unterwegs?«

»Müssen wir jetzt auch die Mädchen suchen?«, fragt Leon entsetzt.

Ganz klar, was er am liebsten tun würde: sich in aller Ruhe in seine schöne warme Decke kuscheln und schlafen. Aber das scheint dummerweise nicht das zu sein, was die anderen wollen.

Er seufzt. Hätte er gewusst, wie anstrengend Ponyhof-Ferien sind, dann wäre er überhaupt gar nicht erst mitgekommen!

»Das ist ja 'n Ding!«, staunt Murat begeistert.

»So was!«, meint Benjamin. »Das dürfen die doch gar nicht! Wir sollten die bei Frau Popkorn melden! Die dürfen doch nicht einfach nachts rauslaufen! Mein Papa hat gesagt, wenn wir nachts rauslaufen ...!«

»Oh, halt die Klappe mit deinem Papa!«, rufen mindestens vier der Jungen.

»Und überhaupt«, raunzt ihn auch Titus an. »Darfst *du* hier mitten in der Nacht im Mädchenzimmer stehen?«

»Öhm«, macht Benjamin. Und dann sagt er tatsächlich nichts mehr.

»Und bevor wir die Mädchen bei Frau Popkorn verpetzen könnten, müssten wir Frau Popkorn auch erst mal finden, oder?«, bemerkt Max durchaus zutreffend.

»Aber wir *werden* sie natürlich *nicht* verpetzen, klar?«, setzt er dann hinzu. Als ob das irgendeinem außer Benjamin nicht schon längst klar gewesen wäre! Man verpetzt doch keinen aus seiner eigenen Klasse!

»Ich glaube, wir sollten uns allmählich eine Liste machen!«, grinst Murat. »Wen wir heute Nacht noch alles suchen sollen! Sonst vergessen wir am Ende jemanden!«

Ein paar Jungen kichern.

»Na ja«, meint Kevin, »weit können die doch alle nicht sein. Die werden ja nicht mitten in der Nacht einen Riesenmarsch starten! Also suchen wir einfach am besten den ganzen Hof ab. Dann werden wir sie schon finden, oder?«

»Sehe ich auch so«, stimmt Titus zu.

Und damit schleichen sie zurück durch den Flur, öffnen leise die Haustür und tapsen auf den mondhellen Hof.

SCHATTEN IM HOF

»He, guckt mal, da vorne!« Klara deutet aufgeregt aus dem kleinen Fenster auf den großen Hof. »Dort hinten am Wohnhaus, seht ihr? Da sind doch Schatten! Da ist jemand!«

Die anderen Mädchen drängeln sich leise neben sie und pressen ihre Nasen an die Scheibe. Ängstlich versuchen sie etwas zu erkennen. Nicht genug, dass von oben sehr merkwürdige Geräusche kommen! Gerade noch konnten sie Paulina davon abhalten, die Leiter hochzusteigen. Denn wer weiß, welchen gefährlichen Leuten sie da in die Arme gelaufen wären, bei den Geräuschen! Nein, nun scheint auch noch draußen Gefahr zu lauern!

»Stimmt«, sagt Paulina ruhig. »Da ist wirklich jemand.«

»Und?«, haucht Lulu bibbernd.

Sie hat inzwischen solche Angst, dass sie kaum noch richtig sprechen kann. Ist das nicht eine Situation, die in den Krimi-Büchern von Frau Popkorn immer mit *Sie hatten keinen Ausweg mehr!* beschrieben wird? Wenn man weder in die eine Richtung noch in die andere flüchten kann?

»Jetzt ganz ruhig bleiben!«, mahnt Finja.

»Da! Die kommen direkt auf uns zu!«, quietscht Emily. »Was sollen wir bloß tun?«

Finja, die Meisterdetektivin, guckt sich suchend um. »Wir müssen uns verstecken!«

»Alle in die Ponyboxen!«, kommandiert Katlin schnell. »Los! Wenn das Luschinski und Nietnagel sind und die uns hier entdecken, gibt's garantiert Ärger!«

Wie der Wind huschen die zehn Mädchen in die fünf leeren Boxen.

Einige Ponys recken verwundert den Kopf, um zu sehen, wer sich da bei ihnen einquartiert. Mächtig viel los hier im Stall heute Abend! Zwei Ponys wiehern leise. Wollen diese Menschenmädchen jetzt etwa in ihren Ponyboxen schlafen?

»Schscht!«, versucht Katlin die Tiere zu beruhigen. Wenn sie nur nicht durch das Gewieher verraten werden!

Genau in diesem Moment werden die unheimlichen Geräusche von oben wieder lauter. Wie ein Poltern klingt es jetzt.

»Das sind nie im Leben normale Schritte«, flüstert Finja in Paulinas Ohr.

»Nee«, grinst Paulina unerschrocken, »das klingt eher so, als würde jemand da oben Sackhüpfen veranstalten!«

Finja nickt. Nur sehr zum Kichern ist ihr nicht mehr. Detektivarbeit leisten, wenn man ein Buch liest, das ist eine Sache. Eine ganz andere Sache aber ist es, in einem dunklen Stall zu hocken, über sich die unheimlichsten Geräusche zu haben, und vor sich ... Ja, was kommt da eigentlich vor ihnen auf das Stallgebäude zu? Das scheinen ja richtig viele Gestalten zu sein!

Die Gestalten, die da langsam und gebückt auf den Stall zuschleichen, ducken sich auf halbem Weg hinter einer dicken Eiche, die mitten im Hof steht.

»He Mann, Titus!«, flüstert eine von ihnen. »I-i-ich g-g-g-glaub, da sind welche drinnen!« Die Stimme bebt und bibbert. Nicht nur wegen der kalten Nachtluft.

»Mach dir nicht ins Hemd, Leon!«, gibt der größere der dunklen Schatten ungerührt zurück. »Das wollen wir ja gerade hoffen, dass da welche drin sind, oder? Schließlich sind wir hier auf der Suche nach einem ganzen Haufen Leuten!«

Leon seufzt mal wieder. Denn eigentlich ist es ihm ganz egal, wo Frau Popkorn und Herr Weinfels sind. Und wo die Mädchen sind, ist ihm noch viel egaler.

»Und w-w-wenn das da drin Luschinski und Nietnagel sind?«, gibt er leise zu bedenken.

Einen Moment zögert sogar Titus. »Hm,

vielleicht sollte einer von uns noch mal schnell zu dem anderen Wohnhaus rüberschleichen und auch in die Fenster von denen gucken! Nur um sicherzugehen, dass die auch tatsächlich schlafen.«

»Mach ich«, bietet Sebastian an.

Wie der Blitz schießt er rüber zu den abseits liegenden Gebäuden und späht sorgfältig in alle Fenster. Etwas nachdenklich kommt er kurz danach zurück.

»Ich bin mir nicht hundertprozentig sicher, es war im ganzen Haus total dunkel. Aber ich glaube, die Betten waren in beiden Zimmern leer. Und – äh – wenn die sich nicht gerade in ihren eigenen Schränken verstecken, dann – äh – heißt das ja wohl, dass ...«

»Dass die uns hier überall plötzlich über den Weg laufen können!«, beendet Titus den Satz für ihn.

»Ohhh«, macht Leon und sackt zusammen, als hätte ihn ein Schlag getroffen.

»Und außerdem bedeutet es«, grinst Kevin,

»dass heute Nacht überhaupt keiner da ist, wo er eigentlich sein sollte!«

»Suchen wir jetzt auch noch Luschinski und Nietnagel?«, fragt Benjamin. »Mein Papa sagt nämlich, wenn man zu viel auf einmal tut, dann ...«

»Wenn du nicht aufhörst, mit deinem Papa zu nerven«, schnauzt ihn Titus böse an, »dann werde *ich* nach dieser Reise mal deinem Papa was erzählen!«

Benjamin reißt die Augen auf und guckt Titus erstaunt an. Und auch ein bisschen beleidigt. Titus würde es doch nicht wagen, mit seinem Papa unfreundlich zu reden?!

Genau in diesem Moment muss drinnen im Stall Betty leider heftig niesen. Mit einer Heuallergie ist es nun mal nicht so ideal, in einer Ponybox zu sitzen. Zumindest nicht, wenn die voll gefüllt mit Heu ist. Mindestens zehnmal schon hat sie das Niesen unterdrückt. Nun ging es einfach nicht mehr.

»Haa-pschiiee, haaa-pschiiiiee!«, macht sie hilflos und guckt sich entschuldigend um.

Katlin verdreht die Augen. Aber grinsen muss sie doch.

»Ey«, meint draußen Max, »das klang doch nie und nimmer nach Luschinski oder Nietnagel. Das klang doch eher wie ...«

»Wie ein Mädchen«, stimmt ihm Murat zu. »Wie eins von unseren Kichermädchen!«

Da hören sie sogar ein leises Kichern. Denn die Mädchen sind einfach so aufgeregt, dass sie nicht mehr ruhig bleiben können.

»Sie kommen!«, zischt Klara drinnen leise. Und ein letztes Mal versuchen die Mädchen verzweifelt die Luft anzuhalten und weder zu kichern noch zu niesen.

Vorsichtig, aber entschlossen öffnen die Jungen die Stalltür. Noch ist alles still. Ein paar Minuten haben die Mädchen sich gut im Griff. Doch nun geht oben auf dem Heuboden das Poltern wieder los.

»Waaah!«, schreit Leon da ängstlich auf.

Und kriegt deshalb von Murat sofort einen Tritt vors Schienbein. »Klappe!«

Aber jetzt richtet sich Lulu im Heu auf. Das ist doch die Stimme ihres Bruders! »Leon?«

»Lulu?« Erleichtert geht Leon in Lulus Richtung. Dort sieht er auch die anderen Mädchen. »Was macht *ihr* denn hier?«

»Aber ehrlich!«, meint auch Titus, als alle aus den Boxen raus ins Helle gekrabbelt kommen. »Uns so zu erschrecken!«

WO SIND DIE PONYS?

Nach der ersten Erleichterung zucken die Mädchen und Jungen beim nächsten Rumpeln über ihren Köpfen doch wieder zusammen.

»Still!«, mahnt Finja.

»Was ist ’n da oben?«, fragt Benjamin misstrauisch.

»Gespenster werden es wohl kaum sein«, meint Paulina spöttisch.

»Das können nur Luschinski und Nietnagel sein«, flüstert Titus und guckt nachdenklich nach oben.

Rumpel! – Polter! – Es klingt ganz so, als wäre gerade etwas Schweres umgefallen.

»Meine Güte!«, haucht Emily. »Was machen die nur?«

»Das können wir ja rausfinden«, meint

Paulina beherzt und will schon wieder die Leiter in die Hand nehmen.

»Spinnst du?!«, fragt Kevin. »Was meinst du, was passiert, wenn die Kerle sehen, dass wir hier herumschnüffeln! Dann dürfen wir glatt wieder nach Hause fahren!«

Leon seufzt. Also, das fände er eigentlich gar nicht so schlecht! Doch den anderen scheint ein kleiner Abenteuerurlaub auf einem Ponyhof anscheinend ganz gut zu gefallen.

»Könnten das da oben nicht auch Frau Popkorn und Herr Weinfels sein?«, überlegt Sebastian. Und er erzählt den erstaunten Mädchen, dass die beiden nicht in ihrem Zimmer waren.

»Aber warum sollten die denn mitten in der Nacht zusammen auf den Heuboden klettern?«, fragt Lulu mit offenem Mund.

Kevin grinst sie ein bisschen abfällig an. »Mann, kannst du dir das nicht denken?«

Nein, das kann Lulu offenbar nicht. Hilflos guckt sie Leon an.

»Kevin und Titus glauben«, flüstert er leise seiner Schwester zu, »die wollen ein bisschen ...« Er spitzt seinen Mund und haucht ein paar Luftküsse rechts und links in die Gegend. »Du weißt schon!«

Emily und Klara kichern. »Ehrlich?«

»Was für ein Quatsch!«, meint Paulina. »Wenn die da oben sind, dann lesen die garantiert zusammen ihre Krimis! Sonst nichts.«

Rumpel! – Boing!

»Wie Lesen hört sich das aber nicht an!«, findet Marlene.

»Auf jeden Fall treiben sich Luschinski und Nietnagel auch irgendwo hier draußen rum«, erwidert Murat. »Das haben wir nämlich ebenfalls herausgefunden«, setzt er stolz hinzu.

»Dann ist es wohl keine Frage, wer da oben ist!«, sagt Betty und guckt ängstlich an die Decke. »Lasst uns hier bloß schnell abhauen!«

»Ja«, nickt auch Emily heftig, »lasst uns lieber die Ponys suchen! Wer weiß, vielleicht sind die ausgebrochen und haben sich jetzt draußen in der Dunkelheit verletzt! Wenn ich bei diesem ekelhaften Goldzahn-Typ ein Pony wäre, würde ich auch versuchen abzuhauen!«

»Mach dir doch keine Sorgen!«, versucht Katlin sie zu trösten. »Deiner kleinen Belly ist schon nichts passiert! Ponys sind viel vorsichtiger als Menschen.«

Meisterdetektivin Finja zieht die Stirn kraus und untersucht die Boxentüren. »Glaubt ihr, dass Ponys, die ausbrechen, die Türen wieder ordentlich hinter sich schließen? Wenn sie das nämlich nicht tun, dann muss das jemand anders getan haben und sie sind auf keinen Fall allein abgehauen.«

Das leuchtet sogar den Jungen ein. Trotzdem scheint sie das nicht sonderlich zu interessieren.

»Mir doch egal, wo sich die blöden Ponys rumtreiben«, murrt Benjamin und spielt gelangweilt mit seinen beiden Cowboypistolen rum, die er hinten aus seiner Hosentasche gezogen hat. Den Abend hat er sich anders vorgestellt.

Die Mädchen gucken die Pistolen erstaunt an. »Was wolltet ihr denn damit mitten in der Nacht?«

»Och«, meinen Kevin, Titus und Benjamin und grinsen sich verschwörerisch an. Das müssen sie ihnen ja nicht verraten. Vielleicht können sie die Mädchen noch an einem anderen Abend erschrecken!

Doch ganz doof sind die Mädchen auch nicht. Besonders nicht Meisterdetektivin Finja. Böse guckt sie zu den Jungen rüber. »Haut bloß ab mit eurem blöden Knallspielzeug!«

Das finden die Jungen aber doch etwas beleidigend.

Da zischt sie Katlin warnend an. »Ruhig, Leute! Und überhaupt, ich finde, wir sollten jetzt mal alle zusammenhalten und rausfinden, was hier auf dem Hof los ist! Und da wir Luschinski und Nietnagel da oben nicht in die Arme laufen wollen, werden wir erst mal die

Ponys suchen gehen, okay? Normal ist das ja wohl nicht, dass die hier mitten in der Nacht einfach verschwinden!«

»Hm.« Titus guckt nachdenklich. Er mag es nicht gerne, wenn ihm gesagt wird, was er tun soll. Auf der anderen Seite stimmt es natürlich, was Katlin sagt. Und jetzt, wo sie hier sowieso alle zusammenstehen …

»Ich finde auch, wir sollten zusammenhalten und die Ponys suchen«, unterstützt Max Katlin. »Wir haben ja eh nichts Besseres mehr vor, oder?«

Und wo Max Recht hat, hat er Recht. Deshalb schleichen kurze Zeit später alle acht Jungen-Spürnasen und alle zehn Mädchen-Spürnasen der Klasse 4 D gemeinsam wieder in die Nacht hinaus und suchen nach Spuren von den Ponys.

»Sollten wir nicht wenigstens einmal kurz gucken, was Luschinski und Nietnagel da oben auf dem Heuboden eigentlich machen?«, fragt Paulina noch. »Ich finde, das hört sich ziemlich verdächtig an. Und bestimmt nicht so, als würden sie nur Heuballen aufeinander schichten.«

»Und warum sollten sie das mitten in der Nacht tun?«, meint auch Marlene.

Doch die beiden werden überstimmt. Das Risiko, erheblichen Ärger zu bekommen, ist einfach zu groß.

Nun suchen alle draußen eifrig nach Hufabdrücken. Davon gibt es auf einem Ponyhof allerdings erwartungsgemäß eine Menge.

»Wie finden wir denn raus, welcher von diesen hundert Spuren wir folgen sollen?«, fragt die kleine Lulu erschöpft.

»Indem wir eine finden, die verdächtig aussieht!«, ruft Katlin da von den Gemüsebeeten etwas weiter weg. »Eine wie diese hier zum Beispiel!« Sie winkt den anderen. »Kommt mal alle her! Ich glaube, diese Hufspuren hier sind ganz frisch!«

»Warum sollten die Ponys ausgerechnet durch die Gemüsebeete latschen?«, fragt Kevin.

»Das weiß ich auch nicht«, antwortet Katlin. »Aber ich weiß, dass dies hier Ponyspuren sind. Und ich weiß, dass sie frisch sind. Fühlt mal, ganz feucht und matschig. Wenn sie älter wären, wären sie schon angetrocknet.«

Meisterdetektivin Finja nickt anerkennend. Katlins Ponyverstand ist wirklich sehr hilfreich.

»Dann los!«, ruft Titus unternehmungslustig. Und schon fängt er an, in flottem Tempo den Hufabdrücken zu folgen. Wie ein Spürhund mit der Nase fast am Boden läuft er erst über die Beete, dann in einen Waldweg hinein. Die anderen laufen hinterher.

Im Wald werden die Kinder langsamer, denn hier ist es dunkel. Das helle Mondlicht kommt durch die dichten Baumkronen nicht bis zum Boden durch.

»Ich hab Angst«, wispert Lulu leise ihrem Bruder zu.

»Ich auch«, haucht Leon noch leiser zurück.

»Mein Papa hat gesagt, ich soll nachts nicht

in den Wald gehen«, hört man plötzlich auch Benjamin mit dünnem Stimmchen. Seine große Klappe scheint mit der Dunkelheit wie weggeblasen zu sein. »Mein Papa sagt, wenn man nachts in den Wald geht, dann …«

»Schnauze!«, bellt Paulina. »Da vorne sind sie!«

Sofort lassen sich alle Kinder ins Gebüsch fallen. Hier und da entsteht ein wildes Gerobbe. Alle wollen natürlich einen guten Blick nach vorne haben.

Na ja, also jedenfalls fast alle. Denn Lulu und Leon sind mit den hintersten Plätzen eigentlich ganz zufrieden. Doch das, was man auf einer kleinen Lichtung an einem Bach sehen kann, scheint sehr interessant zu sein!

»Das glaub ich ja wohl nicht!«, flüstert Katlin mit der Nase im Gras empört.

Und auch Finja, direkt neben ihr tief ins Gebüsch gedrückt, kann ihren Augen nicht trauen. »Was – zum Teufel – machen die denn da?«

Alle vier Ponys stehen knöcheltief im Wasser. Auf ihre Rücken sind große Säcke geschnallt. Das kleine Fohlen Belly steht etwas abseits am Rand. Zwei Männer wedeln hektisch mit den Armen und versuchen die Tiere dazu zu bringen, endlich den kleinen Bach zu überqueren. Doch darauf scheinen die Ponys keine Lust zu haben!

»Das sind keine Pferde, das sind sture Esel!«, schimpft der eine der Männer.

»Versuch doch mal, am Zügel zu ziehen!«, rät der andere.

»Was denkst du, was ich die ganze Zeit tue!«, raunzt ihn der erste wieder an.

Und tatsächlich zieht er. Und zieht und zieht. So doll, dass er schon fast hintenüberfällt, wenn er nicht fest am Ponykopf hängen würde.

Aber das große Pony hat einen kräftigen Hals. Hoch in die Luft hält es ihn und könnte wohl sogar bei zwei ziehenden Männern gegenhalten, ohne auch nur einen einzigen

Schritt vorwärts zu gehen, wenn es das nicht will.

»So ein sturer Bock!« Noch einmal lehnt sich der Mann mit aller Kraft nach hinten.

Da gibt das Pony plötzlich nach. Von einer Sekunde zur anderen schiebt es seinen langen Hals nach vorne, um das lästige Gewicht an seinen Zügeln loszuwerden. Und das wird es.

Platsch!, macht es, als der Mann der Länge nach in den Bach fliegt.

Das Pony schüttelt erleichtert seine Mähne und grunzt. Anscheinend sehr zufrieden mit dem Ergebnis. Dann dreht es sich herzlos um und stapft seelenruhig raus aus dem Bach. Langsam und gemütlich fängt es an, den Waldweg entlang wieder zurückzutrotten.

»Das will in seinen Stall«, kichert Katlin. »Das hat keine Lust, nachts dick bepackt durch die Gegend zu wandern!«

»Mann, pass doch auf!«, brüllt jetzt der Mann, der nass im Bach sitzt.

»Was kann ich denn dafür!«, brüllt der andere zurück.

»Das Vieh rennt weg!«, ruft der erste und steht mit finsterem Gesichtsausdruck auf.

Die Kinder drücken sich erschrocken noch tiefer ins seitliche Gebüsch, als die beiden Männer dem Pony hinterherlaufen.

»Hast du gesehen?«, zischt Finja in Paulinas Ohr. »Das sind Luschinski und Nietnagel!«

»Klar«, flüstert Paulina zurück. »Wer sonst würde so mit Ponys umgehen!«

Die Männer zerren das unwillige Pony grob hinter sich her und versuchen erneut, den Bach zu überqueren. Doch nun haben sich die anderen drei Ponys schon in alle Richtungen verstreut. Zwei grasen weiter hinten an ein paar saftigen Büscheln. Die vierte Stute schnüffelt im Wald herum und scheint etwas zu suchen. Sie wiehert einmal laut und kräftig.

»Die ruft nach ihren Ponyfreunden im Stall«, wispert Katlin leise.

Ein zweites Mal wiehert das Pony jetzt laut und deutlich.

»Ruhe! Deinetwegen werden uns noch die Zollbeamten entdecken!«, schnauzt Luschinski das Tier sofort an und schlägt ihm mit der flachen Hand verärgert auf die Schnauze.

Doch das hätte er lieber nicht tun sollen. Denn Ponys werden gar nicht gern geschlagen! Die Stute legt böse die Ohren zurück, zeigt ihre Zähne, holt aus und hackt Luschinski kräftig in seinen rechten Arm.

»Aaaauuuu!«

»Mann, bist du bescheuert? Nicht so laut!«, ruft sofort Nietnagel von der anderen Seite des Baches.

»Das Vieh hat mich gebissen!«, erwidert Luschinski empört und reibt sich den schmerzenden Arm.

Weiter hinten im Gebüsch kichern eine ganze Menge Mädchen und Jungen. Doch Luschinski und Nietnagel sind so mit sich beschäftigt, dass sie davon nichts hören.

»Die wollen anscheinend über die Grenze nach Holland«, schließt Meisterdetektivin Finja messerscharf.

»Stimmt«, meint auch Murat, »die ist ja hier ganz in der Nähe.«

»Aber wenn sie nach Holland wollen, warum gehen die dann nicht einfach ganz normal über den Grenzübergang an der Straße?«, fragt Lulu ahnungslos.

»Mensch!«, ruft Titus. »Überleg doch mal! Wahrscheinlich, weil die das, was die da in den Säcken auf den Ponys versteckt haben, den Zollbeamten nicht zeigen wollen, oder?«

»Du meinst?«, überlegt Kevin. »Du meinst ehrlich, das Zeug in den Säcken könnte vielleicht ...« Er macht eine Pause. »... könnte Diebesgut sein?«

»Na klar«, nickt Max heftig. »Die versuchen mit gestohlenen Sachen über die Grenze abzuhauen! Das war doch gleich klar, dass hier auf dem Ponyhof irgendwas nicht stimmt!«

Eine Weile schweigen die Kinder nachdenklich und beobachten weiter die Bemühungen der Männer, die Ponys in Gang zu kriegen.

»Wir sollten die Polizei rufen«, meint Finja schließlich.

»Glaube ich auch«, stimmt Titus zu. »Das hier ist kein kleines Beschatten von Leuten mehr! Das hier ist echt der Hammer!«

»Aber wie sollen wir denn mitten im Wald die Polizei rufen?«, fragt Klara. »Wenn wir zurück zum Haus laufen, sind die doch längst über alle Berge.«

»Mist«, meint Kevin, »wir bräuchten ein Handy! Und das haben wir natürlich nicht.«

»Aber ich habe eins!«, meldet sich da Benjamin. »Mein Papa sagt nämlich, immer wenn man rausgeht, soll man vorsichtshalber ein Handy mitnehmen.«

Titus starrt ihn mit großen Augen an. Aber diesmal sagt er nichts.

Finja kichert. »Hurra für deinen Papa!«

Und da lächelt Benjamin. Schnell reicht er den Mädchen das Mobiltelefon.

Paulina schnappt sich das Gerät und wählt ohne zu zögern den Notruf. Klar und deutlich nennt sie dann ihren Namen, beschreibt, was gerade passiert und wo ungefähr sie sich aufhalten.

Dann dreht sie sich wieder zu den anderen um. »Es wird knapp zehn Minuten dauern. Sie schicken sofort zwei Streifenwagen.«

Und das scheint inzwischen nicht nur die kleine Lulu zu beruhigen. Denn diese Sache ist sogar für eine erfahrene Detektivklasse wie die 4 D keine Kleinigkeit mehr!

PONYS UND PISTOLEN

Als die zwei Streifenwagen den kleinen Waldweg entlangholpern, geht alles ganz schnell. Bevor Luschinski und Nietnagel noch begriffen haben, dass Polizei da ist, stehen die Beamten schon neben ihnen.

»Schönen guten Abend! Können wir mal bitte Ihre Ausweise sehen?«

»Was ist?« Luschinski ist so verdattert, dass er ganz vergisst, höflich zu tun.

Nietnagel glotzt nur doof.

»Ihre Ausweise«, wiederholt der Polizist geduldig.

»Und außerdem würden wir gerne sehen, was Sie da mitten in der Nacht über die Grenze transportieren wollen!«, fügt er dann hinzu und deutet auf die prall gefüllten Säcke auf den vier Ponyrücken.

»Grenze?«, wiederholt Luschinski und versucht, ganz ahnungslos zu wirken.

Doch damit kommt er bei den Polizisten nicht weit. Ohne noch lange zu warten öffnen sie eins der Pakete. Heraus kullern mindestens ein Dutzend Autoradios, mehrere Laptops und etliche andere Dinge, die die Kinder nicht genau erkennen können.

Da dreht sich Luschinski um und rennt mit Riesenschritten auf die andere Seite des Baches, dass das Wasser nur so spritzt.

»Stehen bleiben!«, ruft einer der Beamten. Aber daran denkt Luschinski gar nicht.

Und nun stockt den Kindern der Atem.

»Holt die Waffen!«, schreit der Polizist. Anscheinend waren die Beamten auf so eine ernste Situation nicht vorbereitet. Und da es mitten in der Nacht war, hatten sie das Halfter mit ihren Dienstwaffen abgelegt und im Wagen gelassen. Schnell rennen zwei der Männer zum Auto.

Nietnagel hat die ganze Zeit atemlos im

Wasser gestanden. Doch nun sieht er seine Chance gekommen. Er nimmt die Beine in die Hand und folgt seinem Kumpel, ohne auf die Rufe der Polizisten zu achten.

»Mann, bevor die ihre dämlichen Waffen holen, sind die beiden doch schon längst da hinten im Wald verschwunden!«, stöhnt Titus und beißt sich vor Aufregung auf die Handknöchel.

Kevin und Murat nicken hektisch.

»Stehen bleiben!«, ruft einer der Polizisten noch einmal. Doch ohne drohende Waffe hat das wenig Wirkung auf die beiden Gauner. Sie rennen einfach weiter.

Plötzlich fällt ein Schuss! Und – da – noch einer!

Wie vom Blitz getroffen, bleiben Luschinski und Nietnagel stehen. Riskieren erschossen zu werden, nein, das wollen sie doch nicht! Brav nehmen sie ihre Hände hoch und drehen sich langsam um.

Genau in dem Moment haben die Polizisten endlich ihre Waffen aus dem Auto geholt. Irritiert gucken sie sich um. »Wer hat hier geschossen?« Denn die Beamten waren es nicht. Das ist klar.

Da klettert Benjamin aus dem Gebüsch. Etwas schüchtern zwar, aber sehr stolz. Die Pistole mit den Platzpatronen hat er noch in der Hand.

Ungläubig starren die Beamten darauf. Da hat doch nicht etwa dieser Junge die Flucht der Gangster verhindert?

Aber noch ungläubiger starren ihn Luschinski und Nietnagel an. Und als sie begreifen, dass sie auf Platzpatronen hereingefallen sind, verdüstert sich ihr Gesicht enorm. Sich vorzustellen, dass sie den Polizisten locker hätten entkommen können! Wenn nicht Benjamin aus der Klasse 4 D – D wie Detektiv – mit seinem unerschrockenen Eingreifen das verhindert hätte!

Auf dem Rückweg ist Benjamin der Star des Abends!

»Mein Papa sagt ...«, fängt er immer wieder an. Aber nicht mal das nehmen ihm seine Klassenkameraden mehr übel. Sie lassen ihn einfach erzählen.

Anscheinend hat die Polizei schon länger hier in der Gegend eine Diebesbande gesucht. Ständig wurden Autos aufgebrochen und Radios und andere Wertgegenstände gestohlen. An die beiden Männer vom Ponyhof hat allerdings keiner gedacht. Obwohl sie den Hof erst seit ein paar Wochen betreiben. Vorher hat ihn jahrelang ein sehr tierliebes Ehepaar, die Walters, geleitet, die aber zu alt für so viel Arbeit wurden. Und den Hof hatten Luschinski und Nietnagel nur als Tarnung für ihre Diebereien gepachtet. Das wird den Kindern und Polizisten jetzt klar.

»Aber das hätte man doch gleich merken müssen, dass diese Kerle keine Ahnung von Pferden und Ponys haben!«, sagt Katlin vorwurfsvoll.

»Ehrlich?«, meint der Polizist und kratzt

sich verlegen am Bart. »Wie hätten wir das wissen sollen? Von uns kennt sich auch keiner mit den Tieren aus.«

Katlin schüttelt verständnislos den Kopf. »Trotzdem. Die Ponys hätten ja krank werden können bei so schlechter Pflege!«

Der Polizist überlegt. »Weißt du was? Ich werde gleich Herrn und Frau Walter anrufen. Ich nehme an, sie werden sehr froh sein, dass durch euch Schlimmeres verhindert wurde. Und bestimmt gibt es dann auch eine kleine Belohnung!« Er guckt die achtzehn Kinder hinter sich und neben ihm an. »Vielleicht sogar für euch alle! Ihr seid schon eine erstaunliche Klasse, wirklich, das muss man sagen!«

Und das findet die erstaunliche Klasse natürlich auch. Was ganz Besonderes ist sie doch, diese Klasse 4 D!

Auf dem Hof angekommen wollen die Polizisten natürlich mit den Lehrern sprechen.

Schließlich wissen die ja noch gar nicht, was heute Nacht alles Aufregendes passiert ist!

»Tja, wir können ja mal gucken, ob die inzwischen wieder da sind«, meint Titus vorsichtig.

»Wie? Waren die etwa weg?«, fragt einer der Beamten erstaunt.

Murat, der noch mal schnell in die Fenster geguckt hat, schüttelt verneinend den Kopf, als er wieder zu den anderen kommt. »Immer noch alles leer.«

»Wie bitte?«, fragt jetzt ein anderer Polizist und zieht die Stirn missbilligend zusammen. »Eure Lehrer können euch doch nicht einfach mitten in der Nacht allein lassen! So was! Das ist ja Vernachlässigung der Aufsichtspflicht! Na, hier auf dem Hof herrschen ja schöne Verhältnisse!«

Das macht die Kinder nun aber doch wütend. Denn auf Frau Popkorn und Herrn Weinfels wollen sie nichts kommen lassen! Die sind schließlich echt in Ordnung!

»Wollen wir ihnen sagen, dass wir denken, dass die vielleicht zusammen im Mondschein rausgegangen sind, um ein bisschen …? Na, du weißt schon!«, raunt Kevin unauffällig Titus zu.

»Quatsch«, sagt Titus, »das geht doch die Polizei nichts an!«

»Kann mir mal jemand mit den Ponys helfen?«, ruft einer der Polizisten da hilflos aus dem Stall rüber.

Schnell laufen Katlin und ein paar andere Mädchen rüber und führen die vier Ponys und das kleine Fohlen Belly wieder in ihre Boxen.

Da schaut der Beamte plötzlich nach oben. »Was ist denn dort los?« Denn das merkwürdige Poltern auf dem Heuboden wird immer lauter. Aber jetzt, wo die Polizisten da sind, macht es den Mädchen nicht mehr solche Angst.

»Stimmt«, sagt Finja leise, »das wollten wir Ihnen noch sagen. Da sind vielleicht zwei andere Typen oben. Wir dachten erst, das sind Luschinski und Nietnagel, aber es müssen wohl Komplizen sein. Die veranstalten schon den ganzen Abend so einen Krach.«

Der Polizist ist diesmal vorsichtiger. Erst ruft er Verstärkung, dann machen sie sich zu dritt und mit gezückter Pistole auf den Weg nach oben. Einer nach dem anderen klettert die steile Leiter hoch zum Heuboden. Unten warten mit angehaltenem Atem die Mädchen und Jungen der 4 D.

»Wenn nur Frau Popkorn hier wäre!«, jammert Lulu leise. Diese ganzen Aufregungen werden ihr allmählich wirklich zu viel!

»Hände hoch!«, hören sie jetzt einen Polizisten oben brüllen.

Da beißt Lulu vor Schreck in ihre eigenen Hände, die sie vor dem Gesicht hatte. »Autsch!«

Danach ist oben alles still. Oder beinahe still. Ein paar Stimmen hört man. Hektisch. Erstaunt. Aber verstehen kann man nichts.

Unten sind achtzehn Kinderaugenpaare

nach oben gerichtet. Die Spannung ist fast nicht auszuhalten!

Jetzt hangelt sich der erste Polizist die Leiter wieder runter. Die Waffe hat er zurück in sein Halfter gesteckt. Außerdem grinst er. Das kommt den Kindern nun doch merkwürdig vor.

»Ich glaube, wir haben eure Lehrer gefunden!«, meint der Beamte und lächelt siegessicher.

Und tatsächlich folgt direkt hinter ihm Frau Popkorn. Kurz danach erscheint auch Herr Weinfels. Beide sehen allerdings ziemlich verruschelt aus. Das Haar hängt ihnen wirr am Kopf und ihre Klamotten sind ganz staubig.

»Frau Popkorn! Endlich!« Mit einem Aufschrei der Erleichterung fällt die kleine Lulu der Lehrerin in die Arme. »Bin ich froh, Sie zu sehen!«

»Na, und ich erst!«, antwortet Frau Popkorn mit leicht zittriger Stimme. »Wir dachten schon, unser letztes Stündlein hat geschlagen!«

Was? Nun bemerken auch die anderen das merkwürdige Aussehen ihrer Lehrer. Und die wackeligen Knie der beiden sind auch nicht ganz zu übersehen. Denn Herr Weinfels, der große starke Herr Weinfels, muss sich unten im Stall erst mal auf einen kleinen Hocker setzen.

Das kommt sogar Titus und Kevin merkwürdig vor. Von ein bisschen Geknutsche auf dem Heuboden wird man doch nicht so erschöpft und so blass um die Nase werden, oder? Und überhaupt, so einen Krach macht man dabei ja wohl auch nicht!

»Waren Sie vorhin auch schon da oben?«, fragt Titus seine Lehrer erstaunt. »Ich meine, da war so ein Krach, das waren doch nicht Sie, oder?«

Frau Popkorn holt so tief Luft, dass man meinen könnte, sie wäre vorher am Ersticken gewesen. »Und ob wir das waren!«

Auch Herr Weinfels auf seinem Hocker nickt heftig. »Wir haben ein paar von euch unten im Stall gehört. Aber ihr habt uns anscheinend nicht gehört!«

»Natürlich haben wir Sie gehört!«, sagt Emily erstaunt. »Aber die Geräusche klangen so unheimlich, dass wir uns nicht raufgetraut haben!«

»Ja, warum haben Sie denn nicht einfach gerufen?«, fragt auch Finja. »Dann hätten wir gewusst, dass Sie es sind und nicht Luschinski und Nietnagel!«

»Oder warum sind Sie nicht einfach runtergekommen, wenn Sie uns schon gehört haben?«, fragt Murat.

Frau Popkorn seufzt nur tief und abgründig. Doch Herr Weinfels versucht zu erklären, was passiert ist. Die beiden waren tatsächlich zusammen auf den Heuboden gestiegen.

»Warum denn eigentlich?«, fragt Betty ahnungslos dazwischen.

Herr Weinfels räuspert sich irritiert. »Nun

ja, das – äh – ist ja im Moment nicht so wichtig ... «

Ist der Lehrer da gerade rot geworden? Vielleicht erzählt er deswegen jetzt so schnell weiter.

Oben haben sie dann nicht einen normalen Heuboden vorgefunden, sondern ein riesiges Diebeslager! Überall standen Kartons mit Handys, Autoradios, kleinen Computern und anderen teuren Elektrogeräten. Da war Herrn Weinfels und Frau Popkorn klar, dass auf dem Hof etwas nicht stimmt.

Sie wollten gerade die Leiter wieder runterklettern, um die Polizei zu alarmieren, da wurden sie von Luschinski und Nietnagel überrascht. Es hatte wohl eine wilde Rauferei gegeben. So schwach ist Herr Weinfels nämlich nicht! Aber am Ende wurden die beiden Lehrer von den Dieben überwältigt, an Händen und Füßen mit Stricken zusammengebunden und sogar geknebelt, damit sie nicht um Hilfe rufen konnten.

»Oh, nein!«, entfährt es Emily und Lulu fast gleichzeitig.

Auch alle anderen Kinder lauschen mit weit aufgerissenen Mündern. Ihre Lehrer gefesselt und geknebelt, sich das vorzustellen!

»Dann waren die hüpfenden Geräusche also Sie, wie Sie versucht haben, auf sich aufmerksam zu machen?«, fragt Finja leise mit schneeweißem Gesicht.

Oh, die armen Lehrer! Da war Hilfe so nah und dann sind die Kinder einfach wieder aus dem Stall rausgegangen, ohne sie zu befreien!

»Ganz genau, das waren wir!«, nickt Frau Popkorn und die Angst sitzt ihr noch im Gesicht.

In dem Moment hält ein Auto auf dem Hof. Heraus springen eine ältere Dame und ein etwa gleichaltriger Mann.

»Ah, Herr und Frau Walter! Schön, dass Sie gleich kommen konnten!«, begrüßt sie einer der Polizisten.

Und nun müssen alle, die Kinder und die

Lehrer, die Abenteuer der Nacht noch einmal den eigentlichen Besitzern des Ponyhofs erzählen. Fast bis zum Morgen dauert es, bis alles in allen Einzelheiten durchgesprochen ist.

Mindestens fünfzehn Liter Kakao hat die alte Frau Walter für alle gekocht, sich hundertmal bedankt und die ganze Klasse zu einer Verlängerung der Klassenreise eingeladen. Zwei Extrawochen dürfen sie noch auf dem Hof bleiben. Und natürlich reiten lernen. Bei Herrn und Frau Walter. Und zwar richtig!

»Habt ihr denn dazu überhaupt Lust?«, fragt Frau Popkorn vorsichtig und guckt ganz besonders die Jungen dabei an.

»Lust auf Ponyhof?«, grinsen Titus und Kevin da breit. »Na und ob! So viel wie hier ist doch sonst ganz sicher nirgends los!«

Und das finden auch alle anderen Kinder der Klasse 4 D.

»Frau Walter? Darf ich Sie mal was fragen?« Paulina zupft die alte Frau zaghaft am Jackett.

»Warum heißt der Hof eigentlich *Lila Lilie?* Ist das nicht ein ungewöhnlicher Name? Oder haben sich den auch nur diese beiden Kerle ausgedacht?«

Frau Walter lacht. »Nein, den habe ich mir selber ausgedacht. Aber du hast Recht, es ist ein eher seltener Name für einen Ponyhof! Ich muss zugeben, dass ich merkwürdigerweise Lilien in Lila züchte. Deshalb habe ich unseren Hof so genannt.«

Paulina nickt. »Ach so.«

»Lesen wir heute noch eine Gute-Nacht-Detektivgeschichte?«, fragt Sebastian gut gelaunt, nachdem sie alle ihren Kakao ausgetrunken haben und schon mindestens fünfzehnmal gegähnt haben.

Doch da zeigt ihm Frau Popkorn nur einen Vogel. »Bis ich wieder Lust auf Krimis hab, das wird 'ne ganze Weile dauern!«

Aber sie kann doch schon wieder grinsen. Und hat sie da nicht eben den Kindern zugezwinkert?

Dagmar H. Mueller wurde 1961 im Sauerland geboren. Sie hat in Hamburg Germanistik und Sportwissenschaften studiert und zeitweise als Skilehrerin und Werbetexterin gearbeitet. Mit Ende dreißig beschloss sie, ihren Traum wahr zu machen und Kinderbücher zu schreiben. An Ideen mangelt es ihr dabei nicht, dafür sorgt schon ihr äußerst munterer Sohn.

Bei Thienemann von Dagmar H. Mueller bereits erschienen:
Spinnenspuk um Mitternacht (Thienemanns Buchpiraten)
Mädchendrachen beißen nicht (Thienemanns Buchpiraten)
Katzenspuk im Nachbarhaus (Thienemanns Buchpiraten)
Vorsicht, Raubritter! (Thienemanns Buchpiraten)
Nur Weicheier küssen nie!

Mueller, Dagmar H.:
Rätsel um den Ponyhof
ISBN 3 522 17729 0

Gesamtausstattung: Irmgard Paule
Einbandtypografie: Michael Kimmerle
Schrift: Sabon, ITC Kabel
Satz: KCS GmbH, Buchholz/Hamburg
Reproduktion: Medienfabrik, Möglingen
Druck und Bindung: Friedrich Pustet, Regensburg

5 4 3 2 1* 05 06 07 08

Thienemann im Internet: www.thienemann.de

THIENEMANNS BUCHPIRATEN

Dagmar H. Mueller
Spinnenspuk um Mitternacht
128 Seiten mit Ill.
ISBN 3 522 17557 3

Frieder ist sauer. Amelie plant ein Zeltwochenende – nur für Mädchen. Klar, dass er sofort seine Freunde zusammentrommelt. Sie bauen ihr eigenes Zelt auf. Und zwar direkt neben den Mädchen ...

Dagmar H. Mueller
Mädchendrachen beißen nicht
128 Seiten mit Ill.
ISBN 3 522 17575 1

Auf Frieders tollem Ritterturnier tauchen auf einmal Amelie und ihre Freundinnen auf – und wollen auch noch mitmachen! Aber die tapferen Ritter haben schon eine Idee, wie sie die Mädchen wieder loswerden ...

THIENEMANN

Dagmar H. Mueller

Katzenspuk im Nachbarhaus

128 Seiten mit Ill.

ISBN 3 522 17601 4

Seit im Haus nebenan jemand Neues wohnt, ist Frieder gar nicht wohl in seiner Haut. Alles ist wie verhext! Und dann schleicht da noch eine unheimliche schwarze Katze im Garten umher. Die neue Nachbarin wird doch wohl keine Hexe sein?

Dagmar H. Mueller

Vorsicht, Raubritter!

128 Seiten mit Ill.

ISBN 3 522 17631 6

Ein Gartenhaus zum Geburtstag! Amelie ist begeistert. Mit ihren Freundinnen bezieht sie das neue Schloss. Klar, dass Frieder jetzt auch ganz schnell eine Burg für sich und seine Ritterbande braucht. Doch woher nehmen, wenn nicht stehlen?